经济制裁

有效与人道的权衡

田 斌 · 著

Economic Sanctions

Trade-off between Effectiveness & Humanitarian

中国经济出版社
CHINA ECONOMIC PUBLISHING HOUSE
· 北 京 ·

图书在版编目（CIP）数据

经济制裁：有效与人道的权衡/田斌著．
—北京：中国经济出版社，2019．7
ISBN 978-7-5136-5371-8
Ⅰ．①经… Ⅱ．①田… Ⅲ．①经济制裁—研究 Ⅳ．①F115
中国版本图书馆 CIP 数据核字（2018）第 220904 号

组稿编辑　崔姜薇
责任编辑　张　博
责任印制　马小宾
封面设计　任燕飞装帧设计

出版发行　中国经济出版社
印 刷 者　北京九州迅驰传媒文化有限公司
经 销 者　各地新华书店
开　　本　710mm×1000mm　1/16
印　　张　13
字　　数　200 千字
版　　次　2019 年 7 月第 1 版
印　　次　2019 年 7 月第 1 次
定　　价　68.00 元
广告经营许可证　京西工商广字第 8179 号

中国经济出版社　**网址** www.economyph.com　**社址** 北京市西城区百万庄北街 3 号　**邮编** 100037
本版图书如存在印装质量问题，请与本社发行中心联系调换（联系电话：010-68330607）

自序

PREFACE

对经济制裁这一领域进行研究，主要源于以下三个原因：一是在当今以“和平与发展”为主题的时代背景下，经济制裁虽然是国家间最不合作的经济交往活动，却被越来越频繁地应用于国家的对外战略实施中，成为国际关系中一个非常重要的领域；二是经济制裁是经济外交理论的三大核心内容之一，与我们熟知的经济合作、经济援助相比，对经济制裁领域的深入研究将有助于加快推动经济外交理论与实践不断向前发展；三是经济制裁将会成为我国维护国家利益的一项政策工具，中国长期坚持奉行和平外交政策，但并不意味着中国将放弃使用经济制裁这一对外政策工具的权利。当今崛起的中国在实现民族复兴的伟大进程中会面临各种艰难险阻，如有他国在涉及我国国家主权、安全、领土完整、发展等核心利益问题上故意挑起争端，而通过外交途径根本无法化解冲突和矛盾时，中国政府有权采取经济制裁的方式来捍卫国家利益。为此，对经济制裁进行更为深入的研究有助于更为有效、合理地运用这一对外政策工具，维护国家利益。

自新中国成立以来，我们始终坚持以和平共处五项原则作为对外政策的基石，主张在平等互利的基础上与世界各国开展经济外交。中国没有将他国作为战略对手，即便客观上存在竞争，也始终坚持在竞争中寻找和扩大合作面，以共赢取代零和，以协商化解分歧；也始终坚持以求同存异的精神妥善处理与各国之间的分歧与矛盾，避免双方陷入冲突对抗的歧途。但对于严重违反国际条约和规则，违反双边已签署的和平、合作协议，侵犯中国的正当国家利益，特别是严重威胁到中国的国家核心利益时，我们不排除在特定时期，针对特定事件、特定对象，将经济制裁这一手段纳入我国的对外政策工具箱中。

随着我国和平发展进程的不断深入，我们维护国家利益的原则和底线越来越明确，维护国家利益的资源和手段也越来越多。主动发起经济制裁不是中国处理国际事务的原则，更不是应对问题、解决冲突的优先选项，但“凡事预则立，不预则废”。因此，对于政策制定者而言，要对经济制裁有充足的认识和准备，对于国际关系学者而言，要对经济制裁相关的理论和实践有更为深入地思考和研究。

前言
PREFACE

国际经济制裁的一个棘手问题是，既要追求制裁有效，又要确保制裁人道。传统理论认为，制裁损失是决定经济制裁成败的关键因素，当制裁损失足以让目标国无法承受时，制裁的政策目标才有可能得以实现。然而制裁实践表明，通过让目标国承受巨大的代价来提高制裁的效果，其结果常常事与愿违。尤其是国际组织采取的多边经济制裁，不仅制裁可能失败，而且还会给目标国造成严重的人道主义危机。那么将人道主义考虑纳入制裁政策和制裁实践过程中，势必会降低制裁的损失，反过来又会影响到制裁的效果，且部分实践证明，制裁所造成灾难并没有因采取人道主义措施而得以有效避免。鱼和熊掌不可兼得，现实使得制裁政策的制定者们陷入了两难困境。这就引出了一个值得探讨的现实问题，为什么会出现这一种情况？如何在经济制裁的有效与人道之间进行取舍平衡？此外，为了应对这一难题而将人道主义考虑纳入经济制裁的决策和执行过程中，为什么仍然无法避免以上尴尬的困境？

作为对上述问题的回应，本书将研究聚焦于经济制裁有效与人道的权衡。在围绕人道主义措施对于经济制裁有效性的影响评估上，本书将观众成本的理论引入到经济制裁的博弈模型中来解释经济制裁有效与人道的权衡问题。因为在决策者看来，经济制裁所导致的危机中，中途让步或未能兑现先前的承诺会遭受观众成本的惩罚，即外界的压力。而在经济制裁双方的博弈中，不仅存在传统意义上追求功利性目的的观众成本，同时由于受到国际伦理原则和道德规范的作用，也存在基于价值性判断的观众成本。所以，无论是在追求经济制裁的有效性，还是在给予相应的人道主义考虑，观众成本为制裁双方的决策者提供了更多对抗博弈的机会。

随着全球化、信息化步伐的不断加快，媒体对国家间事务的关注和介入程度不但加速了以上观众成本的形成，而且也明显提升了其对于经济制裁整个过程和结果的影响效果。因此，作为理性的决策者，在经济制裁有效与人道的权衡中必须要充分考虑这一因素对于损失与收益的预期影响，这样才能更为合理地做出策略选择。

也正是基于以上逻辑思路，本书认为，经济制裁中的人道主义措施并不制约制裁有效性的发挥，将人道主义考虑纳入制裁的过程中将有助于降低观众成本的压力，有助于维系多边经济制裁合作。如果制裁政策已经使得目标国爆发了人道主义危机，那么向目标国提供人道主义援助要远好于采取人道主义的例外措施。此外，人道的权衡不应只停留在文字的表述上，例如当前所谓的“针对性制裁”和“聪明制裁”，而应该在实际制裁领域的选择上给予更为人道的关怀，在一些关乎目标国“生计”的领域和商品上应尽量避免“一刀切”式的贸易禁令，在制裁之初就应留有一定的弹性空间，以防止“政治获益、民众受苦”的悲剧。

目录
CONTENTS

第一章　导论 …… 1

第一节　问题的提出 …… 3

第二节　研究的意义 …… 7

一、研究的理论意义 …… 9

二、研究的现实意义 …… 11

第三节　现有理论的评述 …… 14

一、人道主义考虑的必要性 …… 15

二、人道主义考虑对制裁效果的影响 …… 19

第四节　研究方法 …… 23

第二章　经济制裁的效用分析 …… 27

第一节　经济制裁的认识 …… 29

一、经济制裁的概念认识 …… 29

二、经济制裁的实践认识 …… 32

第二节　经济制裁的功能与目的 …… 36

第三节　经济制裁的有效性 …… 40

第四节　经济制裁有效性的影响因素 …… 44

一、经济层面的因素 …… 44

二、政治层面的因素 …… 46

三、国际合作层面的因素 …… 49

第三章　经济制裁的价值判断 …… 53

第一节　经济制裁的合法性与合理性 …… 55

第二节　经济制裁与国际伦理 …………………………… 60
第三节　经济制裁的正义性问题 ………………………… 62

第四章　经济制裁的人道主义考虑及有效与人道权衡的理论解释 ………………………………………… 69

第一节　经济制裁中人道主义议题的由来 ……………… 71
第二节　经济制裁的人道主义措施 ……………………… 74
一、制裁对象的转变与制裁方式的调整 ……………… 74
二、制裁政策上的人道主义例外措施 ………………… 78
三、制裁过程中的人道主义援助 ……………………… 80
第三节　人道主义考虑的作用和价值 …………………… 82
一、降低制裁的负面伤害 ……………………………… 82
二、使制裁合法性得到承认 …………………………… 84

第五章　有效与人道的权衡：基于观众成本的理论分析 ……… 87

第一节　观众成本的理论认识 …………………………… 89
第二节　经济制裁的观众成本 …………………………… 92
第三节　追求制裁有效博弈中的观众成本 ……………… 95

第六章　联合国制裁实践评估：全面制裁伊拉克的人道主义权衡 ……………………………………… 103

第一节　“全面制裁”措施的内容及伊拉克所承受的代价 ……… 105
一、制裁的缘起及制裁的目标 ………………………… 105
二、全面制裁的内容及伊拉克所承受的代价 ………… 107
第二节　国际社会的反应及对联合国经济制裁的呼吁 ……… 111
一、国际社会对伊拉克人道主义危机的反应 ………… 111
二、对联合国减轻制裁伊拉克的呼吁 ………………… 112
第三节　人道主义的紧急补救措施：著名的“石油换食品计划” ………………………………………… 115
一、“石油换食品计划”的内容 ……………………… 115

二、“石油换食品计划”的实际效果 …………………………… 119
第四节 “石油换食品计划”对制裁效果的影响评估 ……………… 121
一、基于经济层面的评估 ……………………………………… 122
二、基于政治层面的评估 ……………………………………… 124
三、基于国际合作层面的评估 ………………………………… 126

第七章 欧盟制裁实践评估：针对性制裁叙利亚的人道主义权衡 …………………………………………………………… 129

第一节 欧盟制裁叙利亚的目标及内容 ……………………………… 131
一、制裁的原因及其目标 ……………………………………… 131
二、欧盟“针对性制裁”的内容 ………………………………… 133
第二节 欧盟“针对性制裁”措施的实际效果 ……………………… 139
一、“针对性制裁”的效果 ……………………………………… 139
二、各方对经济制裁叙利亚的态度 …………………………… 142
三、叙利亚人道主义危机的持续恶化 ………………………… 144
第三节 对叙利亚“石油禁运”例外措施的实际考虑及其争议…… 146
一、以人道主义为由解除“石油禁运”的真实意图及负面影响 ………………………………………………………… 146
二、各方对欧盟解禁石油措施的反应 ………………………… 148
第四节 欧盟在叙利亚难民危机中的应对 ………………………… 150
一、难民危机对欧盟的冲击 …………………………………… 150
二、欧盟应对难民危机的内部分歧 …………………………… 153
三、难民危机下欧盟的人道主义应对措施 …………………… 154
第五节 人道主义权衡对叙利亚制裁效果的影响评估 …………… 157
一、基于经济层面的评估 ……………………………………… 157
二、基于政治层面的评估 ……………………………………… 159
三、基于国际合作层面的评估 ………………………………… 161

第八章 结论 …………………………………………………… 163

第一节 研究结论 …………………………………………………… 165

第二节　研究创新及理论价值 …… 168
第三节　政策启示 …… 169
第四节　研究不足及下一步研究的方向 …… 171

参考文献 …… 173

后记 …… 189

附录　1914 年—2011 年经济制裁的效用评估 …… 191

第一章

导　论

第一节 问题的提出

自20世纪初以来，作为非武力强制性经济限制措施，经济制裁被广泛地运用于解决国际争端、谋求国家利益、维护地区稳定以及明确传递不满信号等各类目的。从1914年到2014年这一百年的时间里，全世界共发生了224起经济制裁行动。①

无论出于何种意图，在大多数西方学者看来，经济制裁的运用有其合理性、实用性和灵活性的优势。美国是发起及参与经济制裁最多的国家，仅冷战期间由其发起的经济制裁行动就多达82起。② 与此同时，苏联也经常通过采取经济制裁的方式来对其盟国进行惩罚和胁迫。例如，从1961年到1965年，苏联曾对阿尔巴尼亚实施经济制裁，以报复阿尔巴尼亚霍查政府对中国的支持态度。在整个冷战期间，经济制裁成为美苏双方谋求和维护其霸权地位的重要工具，这也导致对经济制裁行为"工具性"的重视程度被不断放大。也正因为如此，经济制裁被认为是一种比外交谈判更有效、比军事手段更人道的对外政策工具。西方国家对经济制裁这一政策工具的运用更加热衷、更加追捧，与之相对应的是，学术界在针对经济制裁领域的研究也主要集中于如何有效提升制裁的有效性上。

冷战结束后，受国际政治经济结构性变化的深远影响，经济制裁手段被更广泛地运用在国际关系主体的外交战略。然后，由于联合国对伊拉克、南斯拉夫、海地等国所发起的经济制裁行动导致了上述国家出现了严

① 该数据由彼得森国际经济研究所的霍夫鲍尔研究员在HSE（Hufbauer-Schott-Elliott）数据库基础之上提出。参见Gary Clyde Hufbauer. Sanctions Sometimes Succeed: But No All-Purpose Cure, http://www.cato-unbound.org/2014/11/07/gary-clyde-hufbauer/sanctions-sometimes-succeed-no-all-purpose-cure#_ftn2.

② Gary Clyde Hufbauer et al. Economic Sanctions: New Directions for the 21st Century, http://www.iie.com/publications/papers/hufbauer0708ppt.pdf.

重的人道主义灾难，难以预料的后果使得国际社会开始逐渐重视经济制裁对受制裁国普通民众可能带来的负面伤害。

毫不讳言，经济制裁是大国和大国集团的一项政策特权，同时也是受制裁小国和弱国的一场噩梦。冷战后制裁的实践表明，针对小国的多边经济制裁所造成的负面后果有时甚至不亚于一场战争。例如，在海湾战争爆发前，凭借丰富的石油与天然气资源，伊拉克的经济发展在中东地区处于中上水平，人均国内生产总值接近 4000 美元，而在 1990 年 8 月伊拉克入侵科威特后，联合国安理会为敦促伊拉克从科威特撤军，先后通过多项制裁决议，对伊拉克实施包括石油禁运、资产冻结在内的强制性经济制裁、武器禁运及空中封锁，世界各国随即陆续停止了与伊拉克的经贸往来。制裁导致伊拉克经济遭到重创，社会基本陷于瘫痪的状态，人民生活状况急剧恶化。伊拉克的各大医院由于严重缺乏医疗器材、药品、电力及供水，基本丧失了正常的救治能力，处于停摆状态。据统计，从 1990 年开始，联合国对伊拉克持续了 13 年之久的全面制裁行动至少造成了 150 万伊拉克人因缺医少药或营养不良而死亡，其中儿童死亡人数就超过了 50 万人。①

经济制裁的负面影响使得研究者们开始反思这一对外政策工具的适用性和局限性问题。因为在整个经济制裁过程中，最为直接的受害者并非该国的当权者，而是目标国国内广大无辜的普通民众，其中尤以老人、妇女和儿童这一群体为代表。为此，国际社会开始集中对经济制裁手段进行人道主义层面的评估。降低经济制裁的负面伤害，给予一定的人道主义考虑成为制裁研究领域中不得不被重视的议题，也是难以回避的议题。

将人道主义考虑因素纳入制裁政策的制定和执行过程中，使得研究者们在评估这一工具的有效性上产生了更大的分歧。既要追求制裁有效，又要确保制裁人道，无疑让决策者、政策制定者陷入了两难境地。为此，学

① Neil Mackay. War on Truth, Casemate Publishers, 2007, p79. David Rieff. Were Sanctions Right? Published: July 27, 2003, http://www.nytimes.com/2003/07/27/magazine/were-sanctions-right.html?pagewanted=all.

术界提出了“聪明制裁”（Smart Sanctions）的概念，[①] 期望通过一种更为灵活、更有针对性的制裁方式来解决制裁实践过程中所面临的诸多困境。

在“聪明制裁”被提出后，持乐观态度的一派学者认为，“聪明制裁”的运用可以将制裁的损失直接聚焦到被制裁国当权者和社会精英们的身上，这样有针对性的做法不仅可以有效降低经济制裁可能导致的人道主义伤害，而且还可以使得那些最应该承担责任的群体来直接承受制裁的压力，进而可增强制裁的政策效果。[②] 同时，“聪明制裁”的提出也意味着追求制裁有效与确保制裁人道之间是可以实现二者兼得的。

然而理想往往会遇到现实层面的诸多挑战，面对理想主义者的美好期待，传统制裁理论认为，制裁损失是决定制裁成败的关键，目标国的承受力和抵制制裁的决心均与这一因素有直接相关，简言之，只有让目标国承受更大的伤害，才能更为有效的影响其行为决策。[③] 因此，在经济制裁过程中给予人道主义考虑会相应地减少对被制裁对象的伤害，缓解目标国所要承受的制裁压力，同时也会让其获得向制裁实施方施压或讨价还价的机会，在评估制裁有效性上，这也是为什么基于人道主义考虑的“聪明制裁”在实践中没有“全面制裁”的有效性高的重要原因之一。[④]

此外，更令人失望的是“聪明制裁”并没能较好地终止传统经济制裁所造成的人道主义负面伤害，也没有实质性解决制裁所带来的伦理困境，这一新制裁形式在实际执行过程中所发挥的作用远未达到概念设计之初所

---

① “聪明制裁”也常被称之为针对性制裁（Targeted Sanctions），有关这一概念的集中讨论参见：Weiss，Thomas，Sanctions as a Foreign Policy Tool. Journal of Peace Research 36（5），1999，pp. 499－509. Cortright，David and George Lopez eds.，Smart Sanctions，New York：Rowman and Little-field 2002a. Michael Brzoska，From Dumb to Smart? Recent Reforms of UN Sanctions Global Governance 9（4），2003，pp. 519－535. Wallensteen Peter and Carina Staibano eds.，International Sanctions：Between War and Words in the International System，London：Routledge 2005.

② David Cortright and George A. Lopez. Smart Sanctions：Targeting Economic Statecraft，Rowman & Little-field，2002，pp. 1－3.

③ Smith M. Shane，“Sanctions：Diplomatic Tool，or Warfare by Other Means?” Beyond Intractability. eds. Guy Burgess and Heidi Burgess. Conflict Information Consortium，University of Colorado，Boulder. Posted：April 2004.

④ Gary Clyde Hufbauer and Oegg. Targeted Sanctions：A Policy Alternative? Paper for a Symposium on “Sanctions Reform? Evaluating the Economic Weapon in Asia and the World”，February 23，2000.

预想的效果。① 原本认为采取针对性制裁措施就不需要再担心会伤及无辜的民众，但事实并非如此。针对目标国政治领袖及精英们的制裁措施，其效果并不如预期，因为在制裁实践过程中目标国的社会弱势群体依然是制裁政策的最大受害者。② 欧盟对叙利亚的经济制裁便是一个典型的案例，叙利亚是欧盟“大周边”的主要国家之一，为了维护“地中海后院”的安全和稳定，避免整个中东陷入旷日持久的战乱之中，同时拓展欧洲民主、自由、人权的价值观，与叙利亚经济比较密切的欧盟，借叙利亚内乱之机，以罕见力度对叙进行经济制裁，希望“速战速决”。③

从 2011 年 5 月开始，欧盟对叙利亚实施了多轮经济制裁，制裁的对象涉及叙利亚政府的领导人、政治精英和多家企业，制裁领域涵盖了财产、能源、金融、设备、武器以及日常生活用品等多个领域，即便在制裁一开始就运用了针对性的制裁政策，采取了相应的人道主义措施，但制裁的结果无疑导致了叙利亚石油收入锐减、燃料短缺严重、物价急剧攀升，整个社会经济发展水平至少倒退了数十年。经济制裁更直接加剧了叙利亚局势的混乱，广大无辜的叙利亚平民在这一过程中别无选择，不得不去承受和面对突如其来的灾难，暴力、饥饿、贫困、漂泊、混乱成为大多数老人、妇女和儿童生活的全部。

欧盟制裁叙利亚只是战后“聪明制裁”措施的又一次实践而已，但可以肯定的是，在制裁目标根本无法达成的情况下，制裁所带来的后果并没有因为“聪明”一词而能够彻底掩盖其所带来的负面伤害。也正是基于以上状况的存在，便引出了我们所要深入讨论的一个核心议题，那就是为什么经济制裁的有效与人道二者之间存在着矛盾，基于人道主义考虑究竟会对经济制裁的效果产生怎样的影响？为什么制裁过程中的人道主义措施总是难以发挥其预期效果？此外，既然经济制裁的人道主义考虑已经在“缺

---

① Joy Gordon. Smart Sanctions Revisited. Ethics and International Affairs, Vol. 25, No. 3, 2011, pp. 315-335.

② Daniel W. Drezner. How Smart are Smart Sanctions. International Studies Review, Vol. 5, 2003, pp. 107-110.

③ 况腊生．叙利亚战争沉思录——二十一世纪的微型世界战争［M］．北京：人民出版社，2018.

之不可”上毫无疑问，那么制裁发起方应该如何在有效与人道之间最终进行合理的权衡？

在未来可预测的几十年里，国际政治互动中经济制裁手段的运用不会减少，无论“聪明”与否，经济制裁所带来的负面伤害不应回避。既要追求制裁政策有效又要确保制裁结果人道已经成为政策制定者的共识。因此，深入研究和探讨二者之间如何权衡的议题，有助于进一步完善当前的经济制裁理论，有助于为政策制定者提供更多制裁备选方案。

第二节　研究的意义

经济制裁是国际政治中常见的斗争方式，无论是国家之间，还是国家集团之间都十分常见。为塑造强大而有效的国际行为体角色，进入21世纪以来，欧盟在处理对外关系时也越来越频繁地针对一个国家发起经济制裁，例如当普京宣布克里米亚并入俄联邦后，欧盟便向俄罗斯挥起了制裁的大棒。欧盟对俄罗斯的经济制裁政策主要包括以下三个方面：一是对俄罗斯公民的签证限制；二是对俄罗斯部分企业的经济限制；三是对克里米亚的多方面限制。从结果来看，制裁措施似乎并没有取得预期的效果，也没有对被制裁方俄罗斯造成除了经济收益以外更为严重的打击。也就是说，在面对一般性制裁措施下，大国具有较强的抗制裁能力。

然而，当被制裁方是一个经济小国，对制裁发起方的依赖程度又十分明显，那么强度较大、持续时间较长的经济制裁行动，对目标国而言可能难以承受。例如，伊拉克、古巴等国都经历过经济制裁带来的巨大灾难。以古巴为例，作为美国的后花园，古巴曾一直为美国所控制。古巴银行存款的25%、制糖业的40%、公用铁路的50%、公用事业的80%、采矿业的90%、石油工业的100%都被美国资本所掌握。20世纪前几十年，美国对古巴控制的程度用时任美国驻古巴大使厄尔·史密斯的话来讲：“美国大使堪称古巴第二号最重要的人物，有时甚至比总统还重要。直到1959年1月1日，在菲德尔·卡斯特罗的领导下，古巴人民推翻巴蒂斯塔独裁统治，宣告了革命的胜利，从此古巴成为加勒比海上的一颗“社会主义明灯”。

对古巴失去控制意味着美国在拉美的统治基础被动摇，于是美国政府于1961年1月5日宣布同古巴断绝外交关系。与此同时，美国开始对古巴进行强有力的经济制裁行动，把一个完全依靠生产和销售糖类来维持国计民生的国家严密地封锁起来，使它的食糖无法出口。美国希望通过制裁措施来掐断古巴的经济命脉，进而扼杀这个“年轻”的古巴共和国。

随着两国关系的不断恶化，美国在1963年宣布禁止其公民到古巴旅行或进行贸易来往，并冻结了古巴民众在美的所有资产。1964年5月，美国政府下令禁止向古巴销售药品和食品，同年7月更修改了援外法案，对任何与古巴有贸易往来的国家停止援助，并要求英、法、西班牙和日本加入对古巴的经济封锁中来。此外，美国还胁迫第九次美洲国家外长协商会议对古巴实行“集体制裁”，要求中断与古巴的外交关系和一切贸易往来。

随后的半个世纪里，美国政府先后推出了“托里切利法”和“赫尔姆斯—伯顿法”，强化对古巴的经济制裁。其中“赫尔姆斯—伯顿法”尤为著名。1996年通过的“赫尔姆斯—伯顿法”主要就是针对那些与古巴做生意的个人、公司，甚至是国家，① 不准许同古巴进行贸易的船只停靠美国港口，进一步限制古巴的外汇收入，禁止本国公司和美国海外公司同古巴进行贸易和投资活动。为了进一步遏制古巴的经济发展，美国政府宣布凡从古巴进口蔗糖等产品的国家，美将禁止从该国进口同类产品。美国还阻止国际货币基金组织和世界银行等国际金融组织对古巴提供任何贷款和金融支持。经济制裁让古巴这个岛国承受了巨大的代价。古巴政府公布的一份报告显示，因美国长期对古巴经济、金融封锁和贸易禁运，致使古巴近60年来累计损失达9336.78亿美元。②

虽然经济制裁不像战争一样会直接造成目标国的平民伤亡，但批评者认为，大国或者国际组织一味滥用这一手段会导致部分被制裁国普通民众遭受饥荒、缺医少药等人道主义灾难，尤其是经济对外依赖性强的弱小国家。作为联合国单方面强制性措施的负面影响问题特别报告员，伊德里

---

① 例如，该法案第三条规定，如果有外国公司同古巴公司做生意，美国公民和公司有权起诉它们并获得赔偿。

② 古巴政府报告——美国长期封锁致古巴近万亿美元损失［N］. 人民日报，2018-08-28（21）.

斯·贾扎伊里直言，绝不能让经济制裁沦为一种封锁，让人们在和平时期遭受经济战争的蹂躏。[①] 在实施经济制裁过程中，有必要将人道主义考虑纳入其中，也正因如此，将人道主义与经济制裁联系起来进行研究，通过全面分析制裁有效与制裁人道二者间的权衡关系，将有助于客观理解和认识这一对外政策工具，有助于推进制裁理论的创新，更有助于为今后的制裁实践提供理论参考。

一、研究的理论意义

提到一项研究的理论意义，通常被认为是这一研究的结论对现有思想和理论具有哪些具体的影响作用，即在学理层面增加了哪些内容、取得了哪些突破，有何新的见解。经济制裁是国际关系中国家或国际行为体实施对外战略时经常采用的一种政策性工具，因此对于一个国家而言，经济制裁手段被认为是治国方略中的经济策略，其实践在前，理论在后。学界对经济制裁的研究最初从概念的界定、功能的描述、案例的分析逐步发展到对理论的提炼和对其自身工具性价值的判断。

从实证分析到方法解析，从工具解释到价值判断，在继承既有理论的基础上，以人道主义视角反思经济制裁的实践，聚焦于经济制裁涉及"有效"与"人道"二者间的权衡这一命题，通过系统研究和论证，进而进一步完善现有的经济制裁理论。因此，本书将围绕以上主题进行深入探讨，其研究的理论意义主要体现在三个方面：

第一，这一研究有助于推进制裁理论从"工具理性"向"价值理性"的回归。在国际关系研究领域，经济制裁作为一种策略或政策工具，必然具有其工具理性的特性，以往的经济制裁理论也常常集中于工具理性层面上的分析和论证。例如，研究者更多地关注如何提高经济制裁的有效性，怎样实现经济制裁效用的最大化，如何有效地运用这一工具来更好地服务于一国或多国的功利性需求。

不可否认，当经济制裁理论过多侧重于工具理性层面的分析时，有关

① 《联合国制裁专家：单方面封锁让无辜平民遭受"经济战争的蹂躏"》，https：//news. un. org/zh/story/2018/09/1017722。

价值理性层面的判断或伦理道德层面的研究势必会有所减弱。这就使得在理论指导制裁实践时常常会因过多强调功利性目的而导致灾难性后果的情况出现。实践的进步性源于对理论的不断修正和完善，因此，笔者对经济制裁有效性与人道主义权衡的反思，旨在推动和促进经济制裁理论的研究从工具理性层面向价值理性层面的回归，进而降低其工具性的锋芒。

第二，这一研究有助于厘清人道主义措施对经济制裁效用的实际影响作用。当经济制裁越来越难以回避人道主义议题时，这就要求在理论上应该更好地解释和论证人道主义措施究竟对经济制裁的效果会产生怎样的影响，促进的作用有哪些，阻碍的作用有哪些，基于人道主义的考虑所采取的制裁政策从效果上看，是否一定没有“全面制裁”更能达到预期目标？从目前经济制裁的研究文献中很难找到清晰的答案，所以，围绕经济制裁有效与人道的权衡研究将有助于厘清这一颇为模糊的议题。

第三，研究过程中通过运用观众成本理论来分析经济制裁在有效与人道之间的权衡问题，将有助于提升经济制裁理论的解释力。我们知道，经济制裁理论在解释力上非常重要，因为它是决策者预判制裁效果的最好依据。之所以要运用观众成本理论来提升制裁理论的解释力，是因为观众成本理论最早运用于解释国际危机冲突中领导人决策行为的产生和改变逻辑，以及判断其政策威胁的可信度。该理论的内核在于：如果决策者没有实现其对大众或选民的预期政治承诺，那么他将会受到国内甚至国际观众的“政治惩罚”，这个国家的“声誉”也会因此遭到负面影响。① 将观众成本理论对应在经济制裁理论的解释上，意味着决策者的承诺不仅表明发起国政府实施经济制裁的决心和意志，同时也隐含着不给目标国造成严重的人道主义伤害。② 尤其是对联合国、欧盟这样的国际或区域性组织而言，制裁的有效与否、人道与否都可能会承受高昂的国际观众成本。所以，本书通过观众成本理论的视角来分析经济制裁有效与人道的权衡议题，不仅

① Fearon James D. “Domestic Political Audiences and the Escalation of International Disputes”, American Political Science Review, 1994: 577-592.

② 经济制裁相比战争手段最大的不同就在于人道主义的负面影响，运用制裁手段就是要避免战争所带来的灾难性后果，它既是一种政策理想，也是对选民和国际观众的潜在承诺。

希望能够构建一个合理的解释框架，同时也希望能将国际政治的前沿理论融入经济制裁的理论当中，使得制裁理论能够更好地指导今后的制裁实践。

总之，将人道主义考虑纳入经济制裁实践，针对“有效”与“人道”这两个在制裁理论中尤为重要的核心要素进行论证分析，无疑是对经济制裁工具理性的再解读、再评估，是对经济制裁价值理性的再衡量、再判断。本书对经济制裁的人道主义反思将有助于经济制裁理论的不断深化，有助于形成对经济制裁行动的正确价值判断，有助于凝聚对经济制裁理论的共识，进而促进经济制裁行动更多地体现出基于人道主义考虑的进步意义。

二、研究的现实意义

近一百年间，国家行为体之间至少发生了 200 多起经济制裁行动。既然经济制裁现象常常出现在国际关系互动的舞台中，那么对经济制裁这一政策工具的深入研究，无疑有着重要的现实意义。笔者对经济制裁有效与人道的权衡研究，其现实意义可从以下三个方面加以概述：

第一，针对经济制裁未来的发展而言，以人道主义的视角来反思经济制裁，将有助于促进制裁走向更为合理与进步的方向。联合国安理会通过的 1483（2003）号决议正式结束了其对伊拉克长达十三年的全面经济制裁，标志着史上最严厉的经济制裁行动终于画上了句号。尽管当前经济制裁的方式已经从过去的“全面制裁”不断走向“聪明制裁”；尽管人道主义援助与人道主义例外措施也常被应用在经济制裁的过程中，以此来避免对被制裁国造成人道主义灾难。但与 20 世纪相似，在 21 世纪之初，经济制裁仍然是一项非常重要但却又饱受争议的对外政策手段。① 之所以重要，是因为经济制裁常被认为是一种功效大于外交手段，成本小于军事行为，风险可控、运用灵活的对外政策工具。之所以饱受争议，一是因为学者及政客们仍在质疑经济制裁作为对外政策工具的有效性；二是因为近些年来

① Gary Clyde Hufbauer, ed. Economic Sanctions Reconsidered: History and Current Policy, Washington DC: Peterson institute for International Economics, 2009: 2.

一系列经济制裁行动仍然会不断引发被制裁国的人道主义灾难。为此，围绕经济制裁有效与人道的研究，不仅在于警示将经济制裁这一政策性工具作为谋取政治诉求的“灵丹妙药”而滥加使用的行为，同时也希望在今后涉及经济制裁实践中有效与人道权衡的议题上，能为政策制定者们提供决策参考。

第二，针对联合国发起的经济制裁而言，对其有效性与人道主义议题的深入探讨将有助于进一步明确联合国在经济制裁问题上的“有所为”与“有所不为”。冷战结束后，联合国从两极对抗的国际格局束缚中彻底解放出来，开始更加积极地参与国际事务，这其中就包括采取经济制裁手段来对破坏国际秩序和国际规则的国家进行警示和惩罚。根据《联合国宪章》的规定，安理会有权采取强制性措施来维护或恢复国际的和平与安全，实施强制性制裁是为了对某一国或实体施加压力，在不诉诸武力的情况下迫使该国或该实体遵守安理会的规定。① 然而，由联合国层面对某一个国家发起的经济制裁，首先需要解决的是其内部对这一行动合理性及必要性的质疑，即制裁是否能达到既定的目标，是否能实质上有助于维护地区的和平与稳定，是否可以尽可能地避免制裁常来的人道主义伤害。

经济制裁所能起到的实际效果以及可能带来的负面伤害有时很难促使联合国安理会在采取制裁行动上达成共识，特别是针对小国而言。例如，2011 年 3 月，由于利比亚卡扎菲政权没有遵守安理会早前通过的制裁决议，继续采取武力镇压的方式回应平民的抗议，并对反对派实施更加严厉的打击，在此种情况下，安理会于 3 月 17 日再次就利比亚局势举行闭门磋商，并就法国、黎巴嫩、英国和美国共同提交的决议草案进行表决。表决结果显示，安理会 15 个理事国中有 10 个国家投赞成票，而中国、俄罗斯 2 个常任理事国以及印度、德国和巴西 3 个非常任理事国投了弃权票。5 个理事国投出弃权票，这表明对安理会试图通过更为强硬的武器禁运和财产

---

① 参见联合国安理会制裁委员会网站，http：//www.un.org/chinese/sc/committees/。

冻结的措施来制裁利比亚持保留意见。①

在2012年7月，法国、德国、葡萄牙、英国和美国共同提交决议草案，要求叙利亚从居民区撤军否则将继续加大制裁力度，俄罗斯和中国对此均持反对态度最终选择了投否决票，两国认为采取制裁强压的方式干涉叙利亚内政是不可取的。对于当时叙利亚而言，更为严厉的经济制裁行动只会让更多的无辜民众承受更大的灾难。可见，围绕经济制裁有效与人道的权衡分析将有助于进一步理解联合国在经济制裁问题上所面临的一系列现实难题和挑战。

第三，针对中国涉及经济制裁的议题而言，本研究期望能够为中国今后在参与联合国经济制裁，特别是基于人道主义考量下如何更好地发挥大国责任提供一定的政策性参考。中国作为联合国安理会五大常任理事国之一，在参与联合国经济制裁相关的一系列行动中可以发挥更为重要的作用。

虽然在安理会通过制裁决议后，中国会认真、严格且全面地执行联合国的制裁行动，但中国政府一向提倡以和平对话的途径来解决国际争端，不主张一味以经济制裁的方式来干预一国或地区事务。因此，在针对联合国的集体制裁行为上，中国一贯持慎重态度。② 例如在2016年11月30日，联合国安理会15个理事国全票通过对朝鲜的第2321号制裁决议，此项决议是针对朝鲜在9月9日实施第五次核试验后安理会成员国所做出的强有力回应。新的决议要求限制朝鲜出口煤炭、银、锌等矿物，并将11位个人和11个单位列入制裁黑名单。中国虽然投赞成票支持联合国对朝鲜追加制裁，但与此同时，中国政府也明确表示，通过制裁决议无意对朝鲜民生和

① 中国外交部发言人姜瑜就安理会通过关于利比亚问题的第1973号决议答记者问时称：中方一贯强调，安理会行动应遵循《联合国宪章》的宗旨与原则以及相关国际法准则，尊重利主权、独立、统一和领土完整，通过对话等和平手段解决利当前危机。我们反对在国际关系中使用武力，对决议中的一些内容是有严重保留的。考虑到阿拉伯国家和非盟的关切和立场以及利比亚当前的特殊情况，中方和有关国家一道对决议投了弃权票，没有阻拦决议的通过。我们支持联合国秘书长利比亚问题特使以及非盟、阿盟继续致力于和平解决利当前危机。我们希望，利比亚局势尽快得到稳定，避免出现武装冲突升级和更为严重的人道主义危机。

② 《中国代表呼吁对制裁采取慎重和负责任态度》，新华网，http：//news. xinhuanet. com/2014-11/26/c_ 1113403279. htm。

正常贸易活动产生不利影响，制裁不应损害朝鲜正常的人道、民生和发展需求。①

此外，对朝鲜的制裁只能是劝阻朝鲜继续其核计划的国际努力的一部分，一味地严厉制裁不可能取得理想的效果。可以肯定的是，中国始终在联合国经济制裁中试图扮演更为积极的角色，而随着国家自身实力以及国际影响力的不断攀升，作为国际体系的积极参与者、建设者和贡献者，中国将在未来联合国经济制裁政策的设计、执行和评估的过程中应该更好地体现大国责任和大国担当。如何在确保人道主义考虑的同时，提升制裁有效性，促进经济制裁走向更加合理的方向，是需要政策制定者们不断思考的问题所在，本书的研究无疑将有助于就这一议题展开更为系统和全面的现实思考。

中国始终坚持以和平共处五项原则作为对外政策的基石，但并不意味着中国将放弃使用经济制裁这一对外政策工具的权利。对于严重违反国际条约和规则，违反双边已签署的和平、合作协议，故意挑起地区或双边争端以及侵犯中国国家核心利益的国家，在外交途径根本无法化解冲突和矛盾的前提下，中国政府同样有权采取经济制裁的方式来捍卫自身国家利益。也正因如此，如何有效合理地运用经济制裁手段维护中国国家利益，也是我们在探讨经济制裁未来发展方向时所衍生的现实问题。

第三节　现有理论的评述

从现有国内外涉及经济制裁的研究文献来看，可以将研究的内容大致概括为五个方向：一是围绕经济制裁的概念、功能、目标、手段和意义等的理论性研究；二是主要针对经济制裁有效性的论证；三是有关经济制裁合法性的探讨；四是针对经济制裁个例的回顾和分析；五是涉及经济制裁道德伦理方面的争论。

① 中国代表解释安理会对朝决议中国立场：无意针对朝鲜民生［EB/OL］. 环球网，http：//world. huanqiu. com/exclusive/2016-12/9754605. html.

值得指出的是，从已有的研究成果来看，学者对经济制裁有效性的研究兴趣要远大于其他方面。特别是在冷战期间，经济制裁在实践中常被美苏两国作为争夺和维护霸权的政策工具。所以，针对经济制裁效应的分析以及制裁案例的研究无疑成为这一时期学界研究的主流内容。

学界对经济制裁涉及人道主义议题的集中讨论是从冷战后才逐渐开始的。[①] 两极格局瓦解后，代表着人类正义事业的联合国开始在处理国际事务中扮演更加重要的角色。然而，由于联合国发起的几起大规模、全面性的经济制裁行动给受制裁一方带来了严重的人道主义灾难，无疑使得研究者开始重视对经济制裁的人道主义反思。因此，在理论认识上也主要集中在以下两个方面：一是从价值层面认识经济制裁给予人道主义考虑的意义，这一方向主要围绕人道主义考虑的必要性议题进行展开；二是从工具层面认识将人道主义考虑纳入经济制裁中可能对制裁的效果所产生的影响，这一方向主要探讨的是"聪明制裁"与"全面制裁"有效性比较。

一、人道主义考虑的必要性

冷战后，在国际安全和冲突的解决中，"人道主义"议题越来越受到国际社会的关注，这一效果也逐渐显现在经济制裁当中。在20世纪，制裁理论一度认为如果运用经济制裁这一和平的、无声的但却致命的手段，那就完全没有必要去使用武力。经济制裁不会导致被制裁国的人员伤亡，因此可以成为战争的替代品而不是战争的辅助工具。所以，经济制裁作为强制性的外交手段，其与战争手段相比不仅是进步的，而且也更为人道。[②]

然而，经济制裁的理想主义认识在冷战后的制裁实践中被彻底打破。冷战刚结束，为了实现禁止伊拉克发展大规模杀伤性武器以及限制其潜在

---

① 参见 Eric Hoskins，A Study of UNICEF's Perspective on Sanctions，1997. Claudia von Braunmühl and Manfred Kulessa，The Impact of UN Sanctions on Humanitarian Assistance Activities，1995. Larry Minear ed. Enhancing the Capacity of the United Nations System，1997. David Cortright and George A Lopez，Economic Sanctions：Panacea or Peace Building in a Post-Cold War World，1995. Thomas G. Weiss ed.，Political Gain and Civilian Pain：Humanitarian Impacts of Economic Sanctions，Rowman & Littlefield，1997.

② Barry E. Carter，International Economic Sanctions：Improving the Haphazard U. S. Legal Regime，Cambridge：Cambridge Univ. Press，1998：9.

军事实力增长的目标，联合国安理会对伊拉克采取了有史以来最为严厉的制裁政策，持久而全面的经济制裁给伊拉克整个社会带来了巨大的灾难，这也进而引发了国际社会就这一“致命武器”在人道主义上的负面影响和道德伦理层面的广泛讨论。①

首先，研究的重点是从正义战争论延伸到经济制裁的人道主义议题上。因为在正义战争学说中有严格禁止杀害无辜平民或已受伤且缴械的军人这一规定，如果出现了杀戮则需要一个“军事打击必要性的理由”，例如在合法攻击一个军事目标时出现了难以有效避免无辜伤亡的情况。按照这一逻辑，在战时袭击一个弹药工厂造成了附近平民的伤亡，这一情况并不是战争犯罪，而直接针对平民的攻击和轰炸才是被禁止的。

相比战争而言，经济制裁却没有任何限制，它可以针对目标国的所有民众。② 因此，学者们认为经济制裁也应该区分“战斗人员”和“非战斗人员”。制裁应该针对目标国中对政策制定和执行有影响力和决断力的人，以及目标国政府和支持它的精英。③ 所以，基于正义战争不伤害“非战斗人员”这一原则，经济制裁同样要有人道层面的考虑，其制裁应该具有一定的针对性才能从道德上被勉强接受。

其次，研究的重点是从执法理论延伸到经济制裁的人道主义问题上。因为在多边经济制裁中，它可以概念化为一种国际法的执行工具，可被视为是一种防止、终止或惩罚那些违反国际法和国际道德标准的手段。所以，制裁要坚持正义为基本原则，当执行处罚时应只针对那些有罪该罚之人，而如果对整个集体进行处罚，这无疑是将有罪之人和无辜的人一起作为被执行的对象，显然违反了执法道德。④ 基于此，从人道主义层面考虑，

---

① Gary Clyde Hufbauer ed., Economic Sanctions Reconsidered: Third Edition, Washington, D. C: Peterson Institute for International Economics, 2007: 1.

② Joy Gordon: Economic Sanctions, Just War Doctrine, and “The Fearful Spectacle of the Civilian Dead”, Cross Currents, Fall 1999.

③ Albert C. Pierce, Just War Principles and Economic Sanctions, Ethics & International Affairs 1996 (10): 102; Amstutz, Mark, International Ethics: Concepts, Theories, and Cases in Global Politics, 4th edition, Lanham: Rowman & Littlefield Publishers Inc, 2013, Chapter 10.

④ Damrosch, Lori Fisler, the Collective Enforcement of International Norms through Economic Sanctions, Ethics and International Affairs, 8, 1994; Lang, Anthony F., Punishment, Justice and International Relations: Ethics and Order after the Cold War, London: Routledge, 2008, Chapter 5.

针对性的制裁措施应努力避免这一问题的发生。

第三，研究的重点是从合法性的角度延伸到经济制裁的人道主义问题上。人权保护是国际法中的一项重要议题，其越来越被国际社会所重视和强调。《联合国宪章》早已把尊重和保障人权定为一项国际法原则。因此，经济制裁中基本的生存权、生命权也应该给予同等重视，当经济制裁造成了目标国严重的人道主义灾难时，即便制裁方的动机合法，但制裁所带来的负面伤害无疑是在削弱制裁行为本身的合法性。虽然制裁的逻辑就是要让目标国承受一定的苦难，但这不意味着就应该让目标国的普通民众生活在贫穷、饥饿和疾病困扰的状态之中。如果制裁只是在一味地加剧这一形势的恶化程度，那么以经济制裁来追求政策目标就会逐渐失去政治和道义上的合法性，为此，国际社会完全有责任向那些弱势群体提供人道主义援助，并减轻其因制裁而受到的负面伤害。

最后，研究的重点是从制裁实践的评估角度来反思经济制裁的人道主义问题。诚然，这也是目前学界围绕经济制裁的人道主义议题展开讨论的一个重要方向。从目前已有的研究文献中不难发现，一些学者集中于选取有代表性的经济制裁案例并从有效与人道的视角来进行案例分析和评估，这其中就包括学者巴里（Barry）（2000）、加菲尔德和桑塔娜（Garfield 和 Santana）（1997）针对古巴的个案研究；吉本斯、加菲尔德（Gibbons 和 Garfield）（1999）以及法默（Farmer）（2003）等学者针对海地的个案研究；米利卡・德勒威（Milica Delevie）（1998）、查尔斯・卡克苏尔（Kacsur）（2003）等学者针对原南斯拉夫的个案研究。

针对个案研究而言，学者们普遍对伊拉克的制裁案例尤为关注。从目前已有的研究成果来看，学界对伊拉克制裁关注的焦点主要集中于以下三个方向：

一是基于制裁的目标设定与最终的结果比较分析。大卫・科特莱特（David Cortright）（1997）认为，联合国制裁伊拉克的目的是为了禁止其发展大规模杀伤性武器并限制伊拉克潜在军事实力的增长，虽然对伊制裁起到了一定的效果，但并不能认为制裁最终取得了成功。因为，制裁伊拉克所取得的一些成果完全是靠牺牲伊拉克无辜民众最基本的生存权利而换得，所谓的成功，其背后是整个国家、整个社会长期承受巨大的灾难。

二是基于制裁后果的人道主义评估。学者霍斯金斯（Hoskins）（1997）通过对伊拉克在受制裁期间的贸易、粮食生产、工业制造、婴幼儿死亡率、医疗药品保障等诸多方面的考察分析，详细论述了经济制裁给伊拉克整个国家所造成的严重人道主义灾难。达庞特和加菲尔德（Daponte 和 Garfield）（2000）则通过选取了伊拉克战争爆发前的几个月制裁对该国儿童死亡率的影响为研究对象，以多变量回归分析的方法来评估制裁的负面影响。艾利和沙阿（Ali 和 Shah）（2000）、阿纳斯拉维（Alnasrawi）（2001）、乔伊·戈登（Joy Gordon）（2010）等学者均认为联合国对伊拉克的全面制裁造成了大量的人道主义灾难，受害者多为无辜的民众。约翰·穆勒和卡尔·穆勒（John Mueller 和 Karl Mueller）（1999）通过数据分析认为，对伊拉克的经济制裁造成的民众死亡人数要比历史上任何一次所谓大规模杀伤性武器的致死人数都多。安德鲁·费什曼（Andraw K. Fishman）（1999）更直言称，制裁所造成的死亡人数甚至超过美国在第二次世界大战向日本投放两颗原子弹所致死的人数。①

三是基于制裁中人道主义措施的评价。不可否认，联合国在制裁伊拉克的问题上也采取了一些人道主义的措施，例如著名的“石油换食品计划”（The Oil-for-Food Program）。但联合国前秘书长助理、联合国驻伊拉克人道主义协调员汉斯·冯·斯蓬内克（Hans Von Sponeck）（2006）却在其《另一种战争：联合国对伊拉克制裁的影响》一书中直言，持续了 7 年之久的“石油换食品计划”并不是充分的人道主义例外措施。在他看来，联合国安理会所制定的这一所谓“人道主义方案”并没有什么慷慨的内容，而是另一套执行扼杀整个国家迫使其政权更迭的政策手段。

可见，无论从何种视角来反思经济制裁的负面影响，人道主义考虑似乎已经成为实施经济制裁时难以回避的议题。原本看似一个理想的对外政策工具却在实践中如战争一般同样面临着一个道德难题，因此在应对这一难题时，一些诸如针对性制裁政策、人道主义援助、人道主义例外措施便开始被不断地提及并付诸实践。然而，当学者们在围绕经济制裁给予人道

---

① John Mueller and Karl Mueller：Sanctions of Mass Destruction，Foreign Affairs，May/June，1999，Mohamad A. Khalil：Toward More Humane and Effective Economic Sanctions：With Special Reference to Iraq，http：//swer. wtamu. edu/sites/default/files/Data/13%20-%2026-213-788-1-PB. pdf.

主义考虑必要性的问题上形成共识后，又出现了一个现实的困惑，即“不断为经济制裁的负面影响进行‘减负’的同时，其结果很有可能会影响这一工具的实用性效果”。显然，这一现实情况的客观存在又成为研究者需要进一步解答的难题。

二、人道主义考虑对制裁效果的影响

首先，人道主义考虑对制裁效果的影响间接反映在“全面制裁”与“聪明制裁”有效性的比较上。相比“全面制裁”而言，“聪明制裁”也称为针对性制裁（Target Sanction），其在于有选择性地确定制裁的对象和方法，制裁的对象应锁定于目标国国内的政权阶层或精英阶层，制裁的方法则更多以资产冻结、武器禁运、旅游禁令的形式或针对某些具体产品、具体经济行为来进行制裁。“聪明制裁”之所以“聪明”，其中一个重要的衡量标准就是制裁能够最大限度地影响目标国的政治决策，同时又能最小限度地对目标国的普通民众造成经济伤害。① 反观“全面制裁”，其并没有对制裁的对象进行合理区分，故而在制裁过程中常常使得目标国广大无辜的民众成为制裁政策的最大受害者，而他们又是对当权者最没有影响力的群体。所以，针对性制裁无疑更为清晰地传达出“是谁之过便由谁来承受”的思路，它将对那些“冒犯者”，即执政当局以及那些拥有特权的精英施以最大的政治和经济压力，而不是将目标国的所有国民众作为惩罚的对象。② 基于此，学者们普遍认为，给予一定人道考虑的“聪明制裁”相比“全面制裁”更为可取。

然而，从理性思考的角度来看，“聪明制裁”的可取之处在于其可以降低制裁的负面伤害，但面对其制裁效果并不十分理想的情况下，理想与现实的剥离使得一些学者对于“聪明制裁”的评价并不积极。针对性的制裁措施给予了更多的人道主义关切却使得“聪明制裁”的效果因顾虑过多而大打折扣。更有学者认为，既然不是十分有效，那么此类制裁行动也只

---

① Cortright and Lopez, Smart Sanctions: Targeting Economic Statecraft, New York: Rowman & Littlefriend Publishers Inc, 2002: 7-10.

② Preventing Deadly Conflict, Final Report, Carnegie Commission on Preventing Deadly Conflict, Carnegie Corporation of New York, 1997: 54-55.

是仅仅表明制裁方的确“做出了一些动作”而已，“聪明制裁”可以解决一部分人道主义的关切，也可以起到聚集松散联盟的效果，但它并不是一个实现外交政策目标的有效手段，国际社会不应该对此抱有幻想。①

为了进一步论证这一判断的观点，美国学者霍夫鲍尔（Hufbauer）和奥格（Oegg）选取了20世纪符合有选择性、有针对性的制裁案例作为研究对象来加以论证。他们通过实证分析来对“聪明制裁”的有效性进行评估，在当时20个“聪明制裁”行动中却只有5个被认为是取得了部分的成功，其25%的成功率相比较这一时期33%的整体成功率而言，“聪明制裁”的效果显然更为不佳。因此，有学者认为“聪明制裁”虽然从逻辑和概念上都极具吸引力，但当面对技术上的缺乏、法律上的漏洞、机制上的缺陷、预算上的不足、执行人员上的短缺等一系列问题时，“聪明制裁”从操作层面并不让人对其抱有信心。② 此外，正是由于“聪明制裁”的实施在于避免无辜平民受到制裁的伤害，进而使得政府当局完全可以对本国民众出台临时政策以增加税收弥补其被制裁的损失。③

因此，学者们虽然并不否认基于人道主义考虑而采取“聪明制裁”的价值，但却对其有效性持较为悲观的态度。之所以出现这一情况，其原因在于他们仍然重视传统制裁理论对有效性的解释。对于任何一个国家而言，国家利益是一国对外决策的出发点，也是落脚点，冲突双方均会对国家利益的得失进行衡量。作为被制裁方，当其预期到继续抵制制裁所要承受的损失会远远大于做出让步时的损失时，理性的决策者很有可能会做出适度的政策调整，以此来降低制裁所造成的绝对利益损失。所以，对损失程度的预期判断将直接导致决策者选择坚持抵抗或是选择就此退让。

经济制裁之所以有效是因为其会让目标国的普通民众承受巨大的制裁

---

① Gary Clyde Hufbauer and Barbara Oegg, Paper for a Symposium on" Sanctions Reform? Evaluating the Economic Weapon in Asia and the World", February 23, 2000, http://www.iie.com/publications/papers/print.cfm? ResearchI-d=371&doc=pub.

② Arne Tostensen, Beate Bull. Are smart Sanctions Feasible? World Politics, Volume 54, Number 3, April 2002: 373-403.

③ Jon Hovi, Robert Huseby and Detlef F. Sprinz: Are Targeted Sanctions More Effective than Comprehensive Sanctions?, http://graduateinstitute.ch/files/live/sites/iheid/files/sites/political_ science/shared/political_ science/7804/Hovi_ Huseby_ Sprinz. Targeted_ Sanctions. pdf.

损失。制裁所造成的伤害可以激起民众对政府现行政策的不满情绪，进而使得人们对政府及领袖形成巨大的内部压力。在这种情况下，目标国如果坚持抵制、毫无退让，那么其很有可能会被本国民众推翻而失去政权。如果调整现行政策、做出让步来缓解国内压力，维护其政权合法性，那么制裁方的目标就会因此而实现。[①] 所以，对目标国的政治、经济所造成的负面影响被视为经济制裁是否有效的首要因素。显然，从理论上讲，“全面制裁”对目标国所造成的冲击影响要比“聪明制裁”的更大。虽然学者们更愿意强调前者在有效性上大于后者，但隐藏在这一表述中的实际内容无疑是基于人道主义考虑而采取针对性的制裁措施降低了经济制裁的有效性。

其次，除了制裁方式的转变会对制裁效果造成影响外，经济制裁中的人道主义援助和例外措施同样也会对制裁有效性产生效果。

从援助的角度来看，当受制裁国获得补偿援助时其在心理上的斥责感和负罪感会有较大程度的减轻。[②] 虽然，这里主要是指受制裁国获得的第三方援助，但人道主义援助在理论上也可以起到这一效果。对目标国的援助在制裁理论中会被看作是国际合作的对应物（Mirror Image），霍夫鲍尔把给目标国提供援助的国家或国家集团定义为“黑骑士”的角色。在他看来，正是因为存在“黑骑士”的支持，才在很大程度上补偿了目标国的制裁损失，削弱了制裁可以发挥的效果。因此，对目标国提供援助被认为是制约经济制裁发挥应有效果的一大障碍，特别当目标国的盟友对目标国进行援助或开放市场时，它将会直接影响制裁结果的最终走向。[③]

此外，从例外措施的角度来看，其所发挥的效果同样类似。为了降低经济制裁的负面影响，当制裁国部分或全部切断与目标国间的经贸联系时，其可以允许满足人道主义需要的贸易和金融活动不受制裁的影响。目前，在国际经济制裁中，例外措施所要覆盖的领域和具体放松限制的程度

---

① Arne Tostensen and Beate Bull, Are Smart Sanctions Feasible. World politics, 2002, vol. 54 no. 3 April pp. 373-403

② Gary Clyde Hufbauer et al. Economic Sanctions Reconsidered: Third Edition, Peterson Institute, p. 59.

③ A. Copper Drury, Revisiting Economic Sanctions Reconsidered. Journal of Peace Research, Vol. 35, No. 4, 1998: 497-509.

并没有统一的国际标准，虽然食物和药品等常常被列为例外的对象，但这一措施并不受到国际法效力的约束。

正因为人道主义例外措施在法律框架下还没有十分明确的程序性和法律依据的支持，使得其在执行过程中无法充分地保护无辜民众免受制裁的伤害。① 诚然，人道主义例外措施的积极效果能否发挥还存在争论，但有一点无法否认，那就是按照传统理论的衡量标准，人道主义例外措施的实质内容就是放松对目标国的制裁限制，无论其是否真正出于人道或能否充分发挥保护人权的效果，人道主义例外措施毫无疑问地起到了降低经济制裁对目标国的负面影响的作用。

因此，无论是援助还是例外措施，对于传统理论而言，有助于提升制裁冲击影响的措施就会对制裁的有效性起到积极作用；有助于缓解制裁冲击影响的措施则会阻碍制裁有效性的发挥。人道主义援助无疑起到补偿制裁损失的作用，而人道主义例外措施则起到一种缓解和降低制裁损失的效果。如果按照传统理论的逻辑推论，制裁给目标国造成的损失越大，经济制裁就越有效，但是这一推论却又与事实不符合。霍夫鲍尔等学者通过对100多起经济制裁案例的实证分析后认为，制裁的成功率与受制裁国承受的制裁代价之间并不一定成正相关。

显然，目前学者们在人道主义考虑对经济制裁有效性影响的理论解释上并不充分。理论和实践的矛盾使得决策者在追求制裁的有效性与给予必要的人道主义考虑上陷入了窘境。诸如，在欧盟制裁叙利亚的过程中，如加大制裁力度势必会引发更为严重的人道主义危机，然而过多给予人道主义考虑，采取相应的人道主义措施反而又会担心制裁效果因此受到影响。倘若想要维持现有的制裁水平，则意味着对当前叙利亚人道主义危机视而不见，同样也会引起各方的质疑和指责。

总结起来，从已有的研究文献中不难发现，学者们普遍认为经济制裁作为一种对外政策工具具有一定的实用性，但也承认其是一把双刃剑。因此，为降低或避免制裁所造成的严重负面影响，在制定和实施经济制裁过

---

① Sponeck H. C. Graf, Sanctions and Humanitarian Exemptions: A Practitioner's Commentary, European Journal of International Law, Feb 2002, Vol. 13, Issue 1, p82.

程中出于人道主义的考虑已经无法回避，但研究者普遍认为经济制裁有效性的发挥会因为给予人道主义的考虑而受到一定的影响和制约，这也是为什么“全面制裁”要比“聪明制裁”更加有效的原因所在。所以，传统的制裁理论在面对人道主义议题时，其并不能较好地解释在制裁实施过程中如何兼顾制裁效果的追求和人道主义的考虑这两个几乎相悖的因素，而本书所要研究和讨论的核心议题，正是对以上问题所作出的直接回应。

第四节　研究方法

本书将通过以下四种研究方法来对经济制裁涉及有效与人道的权衡议题进行系统论证。

第一，本书将采取案例过程追踪方法。围绕研究主题对制裁案例进行时间、事件的追踪和还原，以此来分析因果机制，揭示原因与结果间的作用过程，进而有助于认识因果关系的复杂性。[①] 研究经济制裁离不开对具体案例的分析和追踪，这是实证检验的一个重要环节，也是研究经济制裁理论与实践的有效途径。本书选取了具有代表性的经济制裁案例进行展开论述，通过全面考察典型经济制裁案例中制裁政策的制定、执行及修正过程，进而来还原人道主义措施究竟怎样对制裁的效果产生影响，并在此基础上验证不同类型的经济制裁方式中具有一般性、普遍性的特征与规律。

第二，本书将采取统计分析的方法。国外学者在研究经济制裁理论特别是探索其内在规律时常常对案例、事件和具体指标进行统计和归类，以便可以更好地呈现出制裁的内在规律。统计分析方法便于对一个问题作出整体性推断，可以从大样板数据中归纳出事物的性质或规律，这对于从人道主义视角去解读和反思经济制裁具有非常重要的意义。此外，统计分析离不开计算，而对经济制裁负面影响的衡量本身就需要反映在具体的、可计算、可衡量的数据之上。

---

① 曲博．因果机制与过程追踪法［J］．世界经济与政治，2010（4）：97-108.

第三，比较分析也是经济制裁研究不可或缺的方法之一。在经济制裁领域中，大样板数据的比较是认识其本质和规律的较好思路，也是最为全面、最为直接的呈现一个既复杂又具体问题的较好形式。霍夫鲍尔等学者开辟了经济制裁领域大数据统计和比较分析的先河。就特定时期，具体原因、具体类型以及具体议题下，对 200 多起经济制裁案例进行比较分析，其数据和结论在经济制裁研究领域极具参考价值。因此，本书除了对案例之间进行比较分析外，也将考察的重点聚焦在对经济制裁过程中的多轮制裁决议内容的系统性比较，进而更为清晰和客观地呈现出人道主义考虑在整个制裁过程中对制裁政策和制裁效果的影响作用。

第四，将博弈论引入对经济制裁的研究是国外学者常常采用的方法之一，特别是围绕制裁双方的对抗与妥协、制裁方之间的合作与惩罚等议题进行分析时经常使用。经济制裁涉及人道主义议题时同样会出现制裁方内部合作的博弈，目标方也常常会利用人道主义危机所造成的观众成本来与制裁方进行博弈。可以说，正是因为经济制裁常常会引发人道主义灾难，所以也迫使制裁双方调整对抗策略以因应这一情况的出现。因此，本书运用博弈论的分析方法将有助于探讨和解释经济制裁围绕有效与人道的权衡问题。

本书共分八章，具体内容如下：

第一章为研究概述，主要在介绍研究背景的基础上提出了本书所要探讨和论证的核心议题，即经济制裁涉及有效与人道的权衡问题。在阐述了本书聚焦于这一议题进行系统论证的现实意义和理论意义后，将围绕这一议题的现有国内外文献进行梳理回顾和理论评述。在探讨现有理论不足的基础上提出了本书的研究思路以及所要运用的研究方法。

第二章对经济制裁的效用进行全面分析。首先介绍经济制裁的有效性，明确了其概念内涵，并结合霍夫鲍尔对制裁有效性的评价体系来对百年来经济制裁行为的总体效用进行评估。然后，本章围绕经济制裁有效性的核心影响因素展开详细讨论，以工具理性的视角来对经济制裁的有效性进行全面分析。

第三章对经济制裁的价值判断展开论述。本章将以价值理性的视角来探讨经济制裁的效果问题，围绕制裁的功能和目的、制裁的合法性与合理性、制裁的国际伦理以及制裁的正义性等议题展开论述，以此作为理解为何人道主义考虑有必要纳入经济制裁中的铺垫。

第四章、第五章主要探讨经济制裁的人道主义考虑及有效与人道权衡的理论解释。第四章的内容主要就经济制裁中的人道主义议题以及涉及有效与人道的权衡理论进行分析。首先对经济制裁领域涉及人道主义议题的背景、原因和发展脉络进行详细的梳理。然后对经济制裁涉及人道主义考虑的三种具体表现形式进行描述，并进一步回答了人道主义考虑的作用和价值，以解释为什么经济制裁难以回避人道主义的议题。其中第五章将围绕人道主义考虑对制裁有效性的影响进行理论论证，在借助已有制裁博弈模型的基础上将人道主义层面涉及的观众成本融入所构建的博弈模型中进行论证分析，进而去解释经济制裁在追求有效与确保人道二者间权衡的内在逻辑。

第六章选取联合国的制裁实践进行评估，深度分析联合国全面制裁伊拉克的人道主义权衡案例。首先对联合国全面制裁伊拉克中的人道主义措施进行全面考察，通过对联合国“石油换食品计划”这一史上规模最大的人道主义救助措施的分析得出，当人道主义考虑严重缺失时，虽然制裁能够在短期内对目标国造成巨大的伤害，然而一旦对方顶住了制裁的压力并没有妥协后，由此产生的严重后果不仅可以让萨达姆政权提升其国内权威性，同时更让其赢得了国际社会的同情。虽然“石油换食品计划”是一次并不成功的权衡策略，但作为经济制裁中的人道主义措施，其还是起到了降低制裁国观众成本的压力，一定程度上防止了联合国内部在制裁合作上走向分裂，最终长期维系了联合国对伊拉克的制裁机制。

第七章选取欧盟的制裁实践加以评估，全面分析欧盟针对性制裁叙利亚的人道主义权衡案例。欧盟对叙利亚的经济制裁是针对性制裁的典型案例，欧盟在制裁叙利亚的问题上虽然采取了更为灵活、更有针对性的制裁措施，但结果并没有如其所愿，反而让叙利亚局势更加恶化，难以收场。欧盟所采取的人道主义措施虽然在降低人道主义危机上并没有起到很好的效果，但它还是有效地缓解了欧盟所承受的内外部观众成本的压力，这也在一定程度上降低了欧盟成员国在制裁合作的上分歧，为维系对叙利亚的制裁机制起了关键的作用。

第八章为本书结论部分。本章节主要根据前文的研究内容简要回顾了研究脉络，提出了本书的研究结论，并进一步阐述针对本书主题进行深入研究的理论价值与创新之处，此外，结论部分也围绕研究的核心命题提出了相对应的政策建议，并就本书的不足之处以及未来可进一步研究的方向进行了说明。

第二章

经济制裁的效用分析

第一节　经济制裁的认识

一、经济制裁的概念认识

在国际政治生活中，一些国家或国际组织为了追求政治、经济、安全等目的而对其他国家或地区采取经济制裁行动已经十分常见。自20世纪以来，经济制裁越来越多地被运用于解决国际争端、遏制军事冒险行动、维护国家利益以及明确传递不满信号等各类目的。冷战后，“经济制裁”一词更多地被政治家、学者和新闻媒体提及，特别是当有的国家破坏国际规则、违反国际条约，对地区和平与稳定构成严重威胁时，经济制裁作为一种政策工具便成为一些国家或国际组织的优先选择。可以说，经济制裁与战争和外交谈判一样，是解决国家间争端的重要手段之一，而且在很多学者和政策制定者们看来，通过限制、损害、剥夺被制裁方的经济权益，虽然其成本比采取外交施压的成本高，但比发动一场战争的成本要低。因此，经济制裁作为一种对外政策工具常常被运用于追求经济利益、政治利益、军事与安全利益、文化利益等多重复合利益。① 那么，具体而言什么是经济制裁，如何对这一概念进行合理又准确的描述呢？

不可否认，在已有涉及国际经济制裁研究的文献当中，研究者们对这一概念有着不同的界定和理解。例如，他们常常将经济抵制（Economic Boycott）、经济禁运（Economic Embargo）等术语同经济制裁（Economic Sanctions）一词相互替换，甚至如经济强制（Economic Coercion）、经济战争（Economic War）、经济政治运作（Economic Statecraft）以及非暴力制裁（Non-violent Sanction）等术语，它们不但在公共话语中被新闻记者和政府

① 周永生，李琳．经济制裁的政策目标［J］．华中科技大学学报（社会科学版），2004（18）．

官员所提及，而且也常常为学者们所默认。[1]

诚然，从词义上讲经济制裁是制裁的一种形式。当谈及制裁一词时，会很容易让人们联想到诸如“对抗”“不合作”“强制”等词。在现代汉语中，制裁是指强力管束并惩处[2]，即制裁是强制性的，且具有惩处之意。在英语里制裁被称为“Sanction”，其源自拉丁语“Sanctio”一词。《牛津英语词典》将“制裁”一词解释为通过具体的惩罚措施来让目标方遵守规则，并进一步将其放在政治领域加以解释为：一个国家或国家联盟通过经济或军事手段对那些违反法律和条约的另一方所采取的强制性措施。可见，基于以上逻辑，经济制裁概念的核心可表述为通过采取强制性经济措施来实现对破坏或不遵守规则的目标方施加压力，进而迫其改邪归正、回心转意。

围绕这一核心含意，国内外学者对经济制裁的概念也给出了多种解释。洛佩兹和科特莱特（Lopez 和 Cortright）（1995）将经济制裁定义为：“一种强制性外交政策行为，具体指一个国家在诸如贸易或金融领域有意中断与他国的经济联系，以此来促使目标国改变其政策或行为。”鲍德温（Baldwin）（1985）认为，经济制裁的含义必须同“治国方略的经济策略”这一概念相符，因此其定义应该更为宽泛，它应包括任何具有政治性动机的损害或强制性对外经济政策的行为。[3] 为此，道克斯耶（Doxey）在定义经济制裁时认为，经济制裁甚至应该包括国际间文化和社会沟通与往来中强制性及负面性的各类措施，能够涵盖民族国家用以对外实施强制性的各类措施，并能够直接或间接对被制裁方的经济造成损失的几乎所有负面手段即为经济制裁。[4] 显然这一定义最大限度地拓展了经济制裁可能涵盖的范围。然而与上述宽泛的定义形成对比，从狭义的角度来定义经济制裁行为时，经济制裁则被认为是一个或多个民族国家为了实现各种对外政策目

---

① 张曙光．经济制裁研究［M］．上海：上海人民出版社，2010：4.

② 《现代汉语词典》（第6版），商务印书馆2012年版。

③ David Allen Baldwin. Economic Statecraft, Princeton University Press, 1985: 36.

④ Margaret P. Doxey. International Sanctions in Contemporary Perspective, 1996: 3-12.

标，而对一个或多个民族国家所采取的一系列强制性经济措施。[①]

与国外学者一样，国内学者在定义经济制裁时视角也各不相同。但大多数学者将其定义为：一个或多个国际行为体为了实现一定的对外政策目标，而对与某国际行为体的经济交往实行的歧视性限制，包括经济交往的完全禁止。而经济交往通常指的是包括商品、服务的贸易以及资本要素的国际间流动。[②] 此外，有学者从国际法的角度来对经济制裁加以定义，即经济制裁是指“一国或数国对破坏国际义务、条约和协定的国家，在经济上采取的惩罚性措施，其方式有：封锁、禁运、冻结资产、扣船、抵制货物、中断贸易、停止财政上的一切来往等”。[③] 还有学者将经济制裁作为一类特殊的限制性经济行为加以定义，即经济制裁是一种方式强制性、主体多元性、目标政治化的限制性经济行为。其具体定义为：任意一类国际社会组织（包括单个国家及其所属地方政府、区域性国家集团、国际经济组织以及超国家的政治行为体——联合国）为实现表达对被制裁方政策和行为的不满，向第三方或国内公众显示自己的偏好，迫使被制裁方改变原有的政策和行为，满足制裁方政府或国内利益集团的要求等政治目标，在较长的时期内（通常为一年以上）对被制裁方实施的一类强制性经济行为。[④]

诚然，无论从何种角度去理解经济制裁，其核心概念都是围绕强制性经济措施而展开，制裁发起方通过直接或间接对目标方造成经济损失来迫使后者做出相应的让步和政策改变。因此，本书围绕经济制裁的研究也主要集中于一国或国家联盟对另一国或国家联盟采取的强制性经济措施。从经济制裁的发起方来看，本书研究所关注的是国家及地区性、全球性国家

---

① Losman. International Economic Sanctions: The Cases of Cuba, Israel, and Rhodesia, pp. 1-3; Carter, International Economic Sanctions: Improving the Haphazard U. S. Legal System, pp. 4-5.

② 参见周方银：《国际关系中的经济制裁》，载《现代国际关系》，1997 年第 10 期，第 40 页；邱芝：《论冷战后国际关系中的经济制裁》，载《社会科学》，1999 年第 10 期，第 24 页；杨祥银：《国际政治中的经济制裁政策还能走多远——从冷战后的经济制裁走向谈起》，载《世界经济与政治》，2001 年第 5 期，第 55 页。

③ 张学斌：《经济外交》，北京大学出版社，2003 年，第 396 页。

④ 刘威、柳剑平：《从限制性的视角论经济制裁》，《武汉大学学报（哲学社会科学版）》，2009 年第 2 期，第 270 页。

组织，因此诸如地方政府对一国的经济制裁行为并不纳入本书研究的范围内。① 从经济制裁的目标方来看，本书只针对制裁的直接目标方为国家或国家联盟，而对于针对恐怖组织、公司、社会团体及个人的经济制裁同样不是本书所关注的内容。例如美国对基地组织实施经济制裁，对威胁乌克兰安全与稳定的几名分离分子和克里米亚10多家公司进行资产冻结和限制本国公民与其进行贸易往来，以及对日本黑社会组织“山口组”“稻川会”“住吉会”实施资产冻结的行为，并不在本书对经济制裁研究的范围之内。

二、经济制裁的实践认识

经济制裁其实践在前、概念在后，经济制裁有记载的历史最早可以追溯到两千多年前。虽然经济制裁并非与战争一样古老，但也是很早就出现在国家间的对抗互动中。早在古希腊时期，经济制裁手段就曾被运用，雅典通过希波战争称霸爱琴海并掌控了通往黑海的要道后，为了惩罚麦加拉在希波战争中对柯斯林的偏袒，以及为了促使这个邻邦能够主动向崛起的雅典臣服，在公元前432年，雅典对麦加拉实施了贸易禁运的政策，这一政策严禁麦加拉商船进入雅典所管辖的港口，严禁麦加拉商人踏上雅典的国土。雅典的这次贸易禁运措施被认为是国外历史记载中最早的一起经济制裁行为，而这一行为也被认为是引发伯罗奔尼撒战争的一个重要原因。

经济制裁不只在西方历史记载中可以追溯千年，从中国的历史文献中我们同样也可以找到距今两千多年的经济制裁案例。例如，出自《谢敕赍纳袈裟启》中所记载的“齐纨鲁缟”之典故，便是中国早期经济制裁的一个典型案例。在春秋时期，管仲辅佐齐桓公时为了清除齐国称霸道路上来自鲁国的阻挠，管仲献策发起了齐国针对鲁国的一场“贸易战”。他利用鲁国盛产“缟”② 这一特点，引发齐国上下穿“缟”的风尚，同时禁止本国民众织缟，取而代之的是大量买进鲁国所生产的缟来人为抬高价格，待缟价格大涨以至于鲁国百姓荒废耕地全力织缟后，管仲则下令禁止齐国进

---

① 如20世纪80年代美国近一半的州联合起来通过经济制裁手段抗议南非种族隔离制度，以及20世纪90年代美国一些州和城市对缅甸、尼日利亚所采取的经济制裁行动。

② 指春秋战国时期的白色绢。

行鲁缟交易，并要求齐人穿“纨”弃“缟”，这一举措立刻让鲁国爆发了严重饥荒，无奈向齐求助解围，俯首称臣。

一千年前，中国宋朝同样对西夏采取了贸易禁运的方式来惩罚并迫使后者对宋朝让步。西夏虽在军事上常挑衅宋朝，但在经济上对宋朝的依赖十分明显。为此，早在宋真宗时期就在今陕西延安（延州）、志丹（保安军）、宁夏固原（镇戎军）、隆德（德顺军）等地均设置了榷场①，宋朝通过这些榷场向西夏输送大量中原粮食、茶叶、布帛、瓷器、漆器及海外香药等②。由于西夏建国后缺乏原料和技术，为此主要依靠与宋朝进行商品贸易来满足其对各类物资的需求，当时的榷场则成为西夏对外贸易的重要窗口。然而，当西夏对宋朝进行军事挑衅时，宋朝便通过关闭榷场、停止互市贸易来对西夏施加压力，以达到制造西夏内部社会矛盾的效果。贸易禁运、关闭互市的制裁行动常常对西夏的国民经济造成重创，致使其物资短缺、物价飞涨、税收锐减。此外，宋朝为了更好地掌握对西夏贸易的主动权，其始终将榷场设在军事要地并置于国境之内，以便管理。

通过以上案例可见，经济制裁自古有之，但历史上这一工具的运用更多的还是与战争相关联。因为从国家间互动的历史实践来看，在谋求国家重大利益目标时，采用军事手段是最为直接、最为有效的方式。人类发展史就是一部战争史，决策者的智慧就是在于将有助于赢得战争胜利的各类资源都尽可能地运用起来，而经济手段自然成为其选项中不可或缺的重要组成部分。19 世纪拿破仑战争期间，法国就曾希望通过大陆经济封锁政策来切断英国在欧洲的贸易，以期从经济上彻底拖垮英国。“一战”期间，英国对德国也实施了一系列贸易禁运措施以实现拖垮德国经济、加速后者国内革命爆发的目的。战争期间对目标国进行海上封锁或贸易禁运十分常见，因此经济制裁也被认为是军事行动的重要辅助手段之一。军事手段和经济手段的相互结合，无疑会给被打击国造成双重伤害。

---

① 榷场是中国辽、宋、西夏、金政权各在接界地点设置的互市市场，接壤的两国经过协商后设立的特定边界通道和封闭的贸易场。

② 据《宋史·食货志》记载，宋“以缯帛、罗绮易驼、马、牛、羊、玉器、毡毯、甘草，以香药、瓷漆器、姜桂等物易蜜蜡、麝香、羚羊角、硐砂、柴胡、苁蓉、红花、翎毛，非官市者听与民交易”。

然而在“一战”后，经济制裁手段开始从战争的辅助工具转变为战争的替代工具。国际社会也逐渐注意到经济制裁可以成为一种替代战争威胁的政策手段而独立存在。① 特别是当制裁发起方的实力特别强大，能够对目标国的经济造成足够大的伤害时。为此，法国政治家莱昂·布尔茹瓦（Léon Bourgeois）和保罗·德·康斯坦（Paul de Constant）就呼吁国际社会应该建立一个国际联盟，并以国际联盟的名义对那些顽强抵抗的国家采取制裁隔离的方式进行惩罚。美国第 28 任总统威尔逊也认为，通过国际联盟来对一个国家采取全面的贸易禁运会十分有效。② 在他看来，如果运用经济制裁这一和平的、无声的但却致命的手段，那就完全没有必要去使用武力手段，因为经济制裁不会导致被制裁国大量的人员伤亡，而且没有哪个现代国家能够抵抗住经济制裁的压力。③ 虽然，后来的实践证明经济制裁并没有遏制住德国和意大利的军事行动，也没有打消日本在太平洋的扩张野心，但自“二战”以后，经济制裁作为独立的政策工具还是越来越被国际社会所接受。

作为一个重要的经济制裁实施者，美国是发起经济制裁最多的国家。在整整一个世纪的经济制裁史中，由美国发起并参与的制裁行动数量约占全球经济制裁总数的 2/3，且这一记录仍在不断被刷新，至今仍有超过 30 个国家和地区被美国列入其制裁的名单之上。

值得指出的是，美国的总统、国会和行政部门均可以向外发起经济制裁行动。美国总统可在国家处于“紧急情况和特殊威胁”时发布行政命令，对外实施经济制裁。因为按照美国国际紧急经济权利法（IEEPA）规定，在美国国家安全和经济利益遭受巨大威胁时，总统可直接宣布冻结、没收外国持有的美国资产。美国国会则主要通过立法决议来启动新的制裁行动，例如，2016 年 1 月 12 日，美国国会众议院高票通过对朝鲜实施更严厉制裁的议案，以回应朝鲜的新一轮核试验。美国财政部的海外资产控

---

① Gary Clyde Hufbauer，Jeffrey J. Schott，Kimberly Ann Elliott and Barbara Oegg，Economic Sanctions Reconsidered. Peterson Institute for International Economics，2009：10.

② Uri Friedman，Smart Sanctions：A Short History，http：//foreignpolicy. com/2012/04/23/smart-sanctions-a-short-history/.

③ Barry E. Carter. International Economic Sanctions：Improving the Haphazard U. S. Legal Regime，Cambridge：Cambridge Univ. Press，1998：9.

制办公室（OFAC）则是美国制定和执行经济制裁政策的关键部门，OFAC直接隶属于美国总统战时和国家紧急情况委员会，经特别立法授权可对美国境内的所有外国资产进行控制和冻结。它的使命在于管理和执行所有基于美国国家安全和对外政策的经济和贸易制裁，包括对一切恐怖主义、跨国毒品和麻醉品交易、大规模杀伤性武器扩散行为进行金融领域的制裁。

相比美国而言，自20世纪90年代以来，作为政治经济一体化程度最高的区域性组织，欧盟同样依靠其强大的经济实力作为杠杆逐渐成为一个重要的经济制裁发起方。虽然欧盟的制裁效果并不令人满意，但相比采取军事行动而言，欧洲领导人更愿意将经济制裁政策全面纳入欧盟共同外交与安全政策当中，作为其对外政策工具的重要选项之一。自1992年欧盟成立到2015年9月这23年里，欧盟已经实施了数十起经济制裁行动，目前仍然生效的制裁制度高达37个。①

此外，联合国也是经济制裁的重要发起方。联合国安理会有权通过削减目标国的经济联系来应对可能带来的全球性威胁，制裁决议须由安理会十五个理事国以多数票通过且没有一个五大常任理事国投否决票，制裁决议一旦通过，其对所有成员国具有约束力。安理会制裁措施形式不一，目标也不尽相同。制裁措施包括全面经济和贸易制裁，以及一些更为具体的定向措施，如武器禁运、旅行禁令以及金融或商品方面的限制等。② 从制裁实践来看，由联合国发起的经济制裁主要集中在冷战后，自1945年联合国成立到冷战结束前，联合国安理会仅通过了两起集体经济制裁行动，其制裁的对象分别为罗得西亚③（现为津巴布韦共和国）和南非。苏联解体以后，联合国从美苏争霸的冷战束缚中彻底解脱了出来，并开始在国际事务中扮演着越来越重要的角色，其中在经济制裁领域所扮演的角色尤为明

---

① Iana Dreyer，José Luengo-Cabrera. On target? EU Sanctions as Security Policy Tools，Issue Reports，September 2015：9.

② 参见联合国安理会制裁委员会网站 https：//www. un. org/sc/suborg/zh/sanctions/information。

③ 在南罗得西亚单方面宣布脱离英国管辖而独立后不久，在英国的坚持下，联合国安理会于1966年12月16日通过了221号决议，决定对罗得西亚实行经济制裁，禁止成员国与罗得西亚间除人道主义性质外的一切贸易、金融交流，这也是联合国历史上首次对一个国家或地区实施这类制裁。

显。因此，联合国实施经济制裁行动的频率也在冷战后迅速攀升。到目前为止，联合国安理会共建立了30个制裁制度①，目前仍然在生效的制裁制度达14个，每个制度由一个制裁委员会管理，委员会主席由一个安理会非常任理事国担任。②

联合国制裁的焦点在于以这一手段来达到政治解决目标国的武装冲突，致力于实现核不扩散以及反恐等目标。安理会每一个制度均由一个制裁委员会实施管理，制裁委员会的主席是由一个安理会非常任理事国来担任。③

第二节　经济制裁的功能与目的

在经济制裁研究领域，不少研究者并没有对制裁的功能和目的做出合理的区分。国外学者较少强调经济制裁的功能而热衷于分析经济制裁的目的，国内学者则在对经济制裁的功能和目的描述上存在着一定的概念重合或模糊处理的情况。例如，国内有学者认为经济制裁具备以下功能，即：强制性改变功能，阻止或防御功能以及有形的信号功能。④ 有学者认为经济制裁的目的包括：胁迫改变的目的、惩罚的目的、发信号的目的、威慑或预防的目的。⑤ 更有学者将国外学术著作中有关经济制裁的目的（Pur-

① 30个制裁制度的名单为：南罗得西亚、南非、前南斯拉夫（2次）、海地、伊拉克（2次）、安哥拉、卢旺达、塞拉利昂、索马里、厄立特里亚、利比里亚（3次）、刚果民主共和国、科特迪瓦、苏丹、黎巴嫩、朝鲜人民民主共和国、伊朗、利比亚（2次）、几内亚比绍、中非共和国、也门、南苏丹和马里，以及针对基地组织和塔利班。

② 联合国安理会制裁委员会网站目前共列14个制裁委员会名单，即：索马里和厄立特里亚制裁委员会、伊斯兰国（达伊沙）和基地组织制裁委员会、伊拉克与科威特制裁委员会、刚果民主共和国制裁委员会、苏丹制裁委员会、1636制裁委员会（叙利亚）、1718制裁委员会（朝鲜）、利比亚制裁委员会、1988制裁委员会、几内亚比绍制裁委员会、中非共和国制裁委员会、2140制裁委员会（也门）、南苏丹制裁委员会、马里制裁委员会。

③ 参见联合国安理会制裁委员会网站信息，https：//www. un. org/sc/suborg/zh/sanctions/information。

④ 阮建平：《战后美国对外经济制度》，武汉：武汉大学出版社2009年版，第8-9页。

⑤ 张曙光：《经济制裁研究》，上海：上海人民出版社2009年版，第8-9页。

pose）一词直接翻译成经济制裁的功能。[①] 可见，国内学界在这两个概念的联系与区别上并没有较为清晰的区分。

从词义上讲，功能（Function）与目的（Purpose）是两个不同的概念。前者描述的是事物的属性和功效，即事物或方法所发挥出的有利作用，而后者则更突出行为主体根据自身的需要所预设的行为目标和结果。所以，经济制裁的功能和目的同样也是两个概念，严格意义上讲不应该等同或相互替换。对于制裁的功能而言，其可以被认为是制裁行为本身所能够发挥的作用和效能。经济性强制措施能够迫使受制裁方在其不愿承受损失的时候作出相应的让步或屈服，这是制裁本身所具备的基本功能。此外，经济制裁所具备的另一个功能在于其相比战争手段而言能够发挥出更为积极的作用，因为它是一种比战争手段更为人道的措施，这也是经济制裁被认为是能够取代战争手段的重要属性。通过经济强制性措施达到目标的实现过程要低成本，最终造成的结果要低伤害。

经济制裁的实现过程要低成本，这是其相比军事手段而言所具备的重要特征。以往美国在采取军事行动上非常积极，因为其拥有世界上最强大的军事力量。然而从越战后，美国对外军事行动的意愿有所下降，主要原因在于它不愿意承担战争所带来的巨大伤亡。[②] 因此，经济制裁无疑成为其寻求的替代军事手段的最好政策工具。首先，通过中断贸易或金融联系来实现安全和外交政策的目标不会对制裁发起方造成大量的人员伤亡；其次，制裁方所要付出的经济代价要远低于采取军事打击行动时所要承担的经济成本；第三，经济制裁对制裁发起国的国民经济所带来的负面影响并不大，尤其对大国而言，长期来看这种影响是可以忽略或被自我消化的。

经济制裁的最终结果要低伤害，这是其相比军事手段而言所能发挥的积极作用。通常情况下，军事行动都会造成大量的人员伤亡，无论是军事人员还是无辜的普通民众。残酷是战争永恒的标签，再完美的战争也存在

---

① 简基松：《论联合国经济制裁之功能》，《中国法学》2005年第3期，第184。

② Richard E. Friedan, John Mead Flanagin, Sam C. Sarkesian. US Domestic and National Security Agendas, Westport, CT: Greenwood, 1994: pp. 27-40.

其功能上难以回避的缺陷。虽然人们不愿放弃通过武力的形式来解决国家间冲突，但也不愿意轻易就一些矛盾或争端就悍然发动一场战争。两次世界大战的惨痛记忆使得国际社会更能够认识到战争的残酷性。虽然从制裁的实践来看，经济制裁同样会引发严重的人道主义危机，但相比较军事打击行动，经济性强制措施对所在国民众生命与健康的伤害是间接的，是可控的。

与对经济制裁功能的认识相比，人们对经济制裁目的的理解则更为全面。经济制裁的目的是指制裁主体根据自身利益所需而在发动制裁行动前就预先设定的目标和结果。国内外研究者对经济制裁目的的分类给予了多种解释。霍夫鲍尔将惩罚、吓阻和恢复作为经济制裁发起的三个基本的目的。理查德·哈斯则认为经济制裁的目的无非就是要劝阻、胁迫、发信号或者惩罚。[①] 此外，还有研究者认为经济制裁的目的在于预防致命冲突。[②] 无论怎样去表述制裁的目的，笔者认为其基本上可概括为三种类型：发信号、惩罚、改变。

（一）发信号

发信号的目的是制裁发起方通过经济制裁的方式来向目标制裁方表达不满情绪。抗议、威慑等均是一种信号，其程度可大可小。例如，在 2010 年美国执意宣布对台军售计划后，中国外交部发言人称中方将对参与售台武器的美国公司实施相关制裁，以敦促美方有关公司停止推动和参与售台武器。显然，寄希望于对这些公司实施经济制裁就能阻止美国对台军售计划是完全不可能的，因为对台军售是一个长期性难题，中国政府也非常清楚这一点，但当时仍然要实施相关制裁措施，其最为直接的目的就是要向美方传递中方的不满信号，表明中方的态度。

再举一个朝鲜的例子，2013 年 2 月，由于朝鲜进行了第三次地下核试验，这一举动与中国长期坚持朝鲜半岛稳定和无核化的立场背道而驰，对

① Richard N. Haass, Economic Sanctions and American Diplomacy, Council on Foreign Relations 1988: 1.

② Rogers, Elizabeth S. "Using Economic Sanctions to Prevent Deadly Conflict", Discussion Paper 96-02, Belfer Center for Science and International Affairs, May 1996.

于这种悍然不顾中方核心利益而我行我素的做法，中国政府随即中断了对朝鲜的石油出口，并冻结了朝鲜外贸银行在中国银行的账户，停止其正常交易。一系列动作无疑向朝方发出了一个明确的信号，中国政府不可能放任朝鲜当局为所欲为。通过对朝制裁，来明确表达中方的不满态度，并希望能促其停止核试验，重回六方谈判桌前。

（二）惩罚

惩罚的目的是通过经济制裁的方式来向目标制裁方进行打击和报复，在制裁实践中围绕这一目的而展开的经济制裁是十分常见的。二战前，美国对日本实施的“道义禁运”及其随后的资产冻结和石油禁运，就是对日本侵占中国东北以及占领印度支那南部之后的惩罚。20 世纪 60 年代，美国明知对古巴的经济制裁已经无法实现其推翻卡斯特罗政权的目的，但仍在执行长达半个世纪之久的经济、金融封锁和贸易禁运。显然，这一制裁的动机早已发生了改变，应该被看作是基于惩罚目的的经济制裁行为。再如，欧盟在 2014 年对俄罗斯的几家石油公司实施经济制裁后，俄罗斯随即宣布从当年 8 月开始全面禁止从欧盟等国家进口果蔬和肉制品，这一制裁措施也被国际社会认为是普京的报复性制裁行动。

（三）改变

相比发信号和惩罚，改变则是经济制裁政策目标中最为重要的一个目的。改变意在迫使制裁目标作出让步或妥协，联合国对伊朗实施多轮经济制裁的主要目的就在于迫使其政府最终放弃发展核计划。众所周知，成立于 1952 年的巴黎统筹委员会中的中国委员会（CHICOM）就是专门长期针对中国实施贸易控制和经济制裁的机构，其制裁的现实目的就是在于试图转变中国对西方持续构成军事威胁的局面，遏制中国综合实力的提升。

总之，经济制裁的功能和经济制裁的目的是两个不同的概念，经济制裁相比军事手段更为进步性的意义取决于其自身的功能属性，而不取决于其功利性目的（参见图 2. 1）。“过程低成本、结果低伤害”是相对于军事手段而言，在追求对外政策目标的实现上所能发挥的积极作用。虽然有研究者将经济制裁视为另一种形式的战争，但并不否认相比战争而言，制裁手段具有潜在的人道主义进步价值。只有客观地理解和认识经济制裁的价值，才更有利于我们更为合理地去评估经济制裁的实际运用效果。

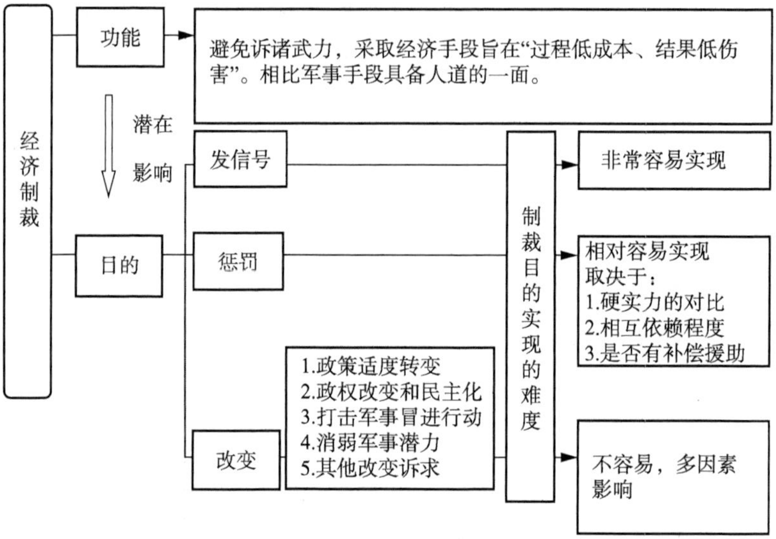

图 2.1　经济制裁功能与目的结构图

第三节　经济制裁的有效性

诚然，经济制裁作为一种政策工具已经在国际关系的互动中被频繁运用，那么其效果究竟如何，无疑是政策制定者们最为关注的焦点。虽然从理论上讲，这种强制性经济限制措施一定会对目标制裁国产生一些效果，但究竟能起到多么大的作用，目前学界还处在争论当中。

有些学者认为，经济制裁是国际政治舞台上实用且有效的政策工具之一。例如，霍夫鲍尔（Hufbauer）对 1914 年至 1990 年间 115 起经济制裁案例的有效性进行了定量分析，分析结果表明，上述案例中有 40 起制裁行动取得成功，基本或完全达到了制裁的目的。

然而，也有学者认为经济制裁的效果并不十分理想。罗伯特·佩普（Rober A. Pape）对霍夫鲍尔等学者所论证的制裁成功率提出异议。佩普同样针对1914年至1990年间115起经济制裁案例进行有效性分析，按照他所设定的判断标准，这115起制裁行动的最终成功率仅为5%。① 如果说佩普对制裁的效果持悲观态度，那么相比较佩普而言，有部分学者更直言称经济制裁其实从来就没有起到什么效果。②

之所以出现以上情况，主要是因为学者们对经济制裁效用的认识和判断上存在着不同的标准，自然得出的结论也不尽相同。如果有效性仅以是否最终实现制裁的政策目标来衡量，那么其结果可能并不十分乐观。因为在一些议题上即便通过战争手段都未必能够顺利达成，更何况寄希望于通过经济强制性措施就要有效地实现各类政治目标，这无疑是不可取、不合理、不现实的想法。例如，在打击恐怖主义问题上，美国、欧盟、联合国均对支持恐怖主义的组织、个人及实体实施经济制裁，然而，如以最终是否真正遏制住了恐怖主义势力的蔓延为判断标准，那么显然经济制裁手段并没有取得政策制定者所预期的效果。但不可否认的是，经济制裁手段虽然并不能完全消灭一个地区的恐怖势力，但通过武器禁令、资金冻结以及旅行禁令等制裁措施却可以起到抑制恐怖主义势力膨胀的作用。

简言之，经济制裁手段在打击恐怖主义议题上的作用虽然不充分，但却十分必要。这也是为什么美国政府专门设立针对恐怖主义的经济制裁政策办公室，希望借助经济强制性措施来实现遏制恐怖主义势力不断蔓延的关键原因。因此，经济制裁是否有效应该从不同的维度加以认识，而不能局限于以是否成功实现了制裁的目标来作为衡量标准。

对于经济制裁有效性的认识首先离不开对“有效”一词的概念理解。“有效”一词在《现代汉语词典》中本意是“能实现预期目的；有效果”，③ 在英语语境中，“Effective”一词与之对应。从词义来讲，“能实现预期目的”指的是结果，即能与否的范畴；而“有效果”指的是所起的作用，即多与少的范畴，常用于程度的比较。因此，经济制裁的有效性也应

---

① Robert A. Pape. Why Economic Sanctions Do Not Work, International Security, 1997, Volume 22, Issue 2, pp. 90-136.

② 英国经济学家罗伯特·斯基德尔斯基持这种观点，参见：http://www.skidelskyr.com/site/article/sanctions-never-work/。

③ 《现代汉语词典》（第6版），商务印书馆2012年版。

存在着双重的概念，一个概念是通过经济制裁能够实现预期目的，另一个概念则是经济制裁对实现预期目的具有一定效果。例如，“从美国对外经济制裁的效果来看，制裁并不十分有效，制裁的目标不仅没能实现反而给无辜的人民带来了巨大伤害。”① 这里所说的“制裁有效”或“制裁的效果”指的就是经济制裁的结果最终是否实现了预期的目的。而“经济制裁比外交手段更有效吗?”，这里的“有效”一词则指的是程度问题，即制裁效果或作用的大与小、多与少的问题，其核心的含义是在于程度的比较，而非是与否。

因此，对一起经济制裁行为在外交政策上是否获得“胜利”，其判断的标准主要基于两个方面的考虑：一是制裁发起方所预先设定的对外政策目标最终实现了多少；二是相比较军事行动以及外交手段而言，采取经济制裁的方式在多大程度上对外交政策目标的实现做出了贡献。换言之，前者是政策结果成功多少的衡量，后者是制裁政策对目标实现贡献程度多少的判断。因此，经济制裁真正意义上的成功应该从“政策结果”与“制裁贡献”两个方面加以评估，而不应该只以最终是否实现了制裁的目标为唯一的标准。

从国内外现有研究成果来看，国际经济制裁有效性的权威评估标准是由美国学界所构建的。彼得森国际经济研究所（Peterson Institute for International Economics）的霍夫鲍尔（Hufbauer）、斯科特（Schott）、艾略特（Elliott）等几位学者共同建立的 HSE 经济制裁数据库被公认为是国际经济制裁研究领域最权威的数据参考来源。②

HSE 数据库收录了从 1914 年至 2012 年间超过 200 起的经济制裁案例，几位学者通过建立起一个指数系统来对每起经济制裁行动的有效性进行了评估。该评估系统的逻辑在于将每一起经济制裁案例从“政策结果”和“制裁贡献”这两个角度分别进行评估赋值，并在这一基础上做乘法运算，

① Richard N. Haass. Economic Sanctions and American Diplomacy. Council on Foreign Relations Press, June 1998.

② 彼得森国际经济研究所是由美国外交关系委员会前董事局主席彼得·彼得森（Peter G. Peterson）所创建的美国顶级智库。研究所是国际经济制裁领域的一面旗帜，由该所公布的 HSE 经济制裁数据库在经济制裁的研究领域引用率最高。学者对这一数据库的评价参见：Robert A. Pape, Why Economic Sanctions Do Not Work, International Security, 1997, 22 (2): 92。

从而得出每起经济制裁案例的“有效性数值”。例如，赋予衡量“政策结果”四类参考指标，即：失败的结果、不明朗的结果、积极的结果和富有成果的结果，其赋值范围从 1 到 4 分别对应。而在针对“制裁贡献”的这一项同样分为四类，即：消极的贡献、无贡献、重大的贡献和决定性的贡献，其赋值范围也从 1 到 4 加以对应。这样每起经济制裁案例的有效性衡量正是基于对这两方面因素叠加效果（乘法运算）的判断。数值超过 9 分意味着经济制裁最终获得了成功，而低于 9 分则意味着这起经济制裁行动失败。[①] 以 9 分来作为制裁成功的衡量标准，其意义在于经济制裁行动既要对制裁发起国的目标产生了重要的贡献，同时制裁的目标最终也要得以部分的实现。

根据 HSE 数据库及其所对应的制裁效用分析框架来看，经济制裁的整体成功率并不算高。20 世纪 204 起典型的经济制裁案例中有 70 起制裁行动被认为是有效的，其成功率大致维持在 34%水平。如按照四个时期来划分，即分别为二战前、战后到 1970 年、20 世纪 70 年代至 80 年代、冷战后至 20 世纪末。那么，这四个时期中除“二战前”这一时期的制裁成功率达到 44%，其余三个时期的制裁成功率基本维持在三成的水平。可以说，在整个 20 世纪，国际经济制裁作为对外政策工具的成功率虽然不算高，但总体上是比较稳定的（如表 2. 1 所示）。

表 2. 1　20 世纪国际经济制裁的成功率

政策目标	1914—1944 年		1945—1969 年		1970—1989 年		1990—2000 年	
	成功案例	失败案例	成功案例	失败案例	成功案例	失败案例	成功案例	失败案例
成功/失败案例	7	9	16	31	23	52	24	42
总案例	16		47		75		66	
制裁成功率	44%		34%		31%		36%	

数据来源：Gary Clyde Hufbauer，Jeffrey J. Schott，Kimberly Ann Elliott and Barbara Oegg. Economic Sanctions Reconsidered，Washington D. C.：Peterson Institute for International Economics；Third edition，2007，p. 127.

① 本文根据 HSE 数据库整理了 1914—2012 年间所有经济制裁案例的成功率，参见附录。

第四节　经济制裁有效性的影响因素

如同在战争中的求胜战略常常讲究“天时、地利、人和”这三要素，那么在一起经济制裁行动能否发挥积极效果，通常也会受到诸多因素的影响。例如，制裁的目标设定、制裁双方的实力大小对比、彼此的贸易联系以及制裁的类型、制裁国的代价、目标国的损失、制裁的国际合作与援助等。制裁方的政策制定者必须要基于这些因素来判断运用经济制裁手段的可行性，评估其制裁的能力，预测其最终的制裁效果。

为了更好地研究制裁的影响因素，可将上述诸多因素归为三个层面加以分析，即经济层面、政治层面与国际合作层面。经济层面的因素包括：①制裁双方的实力对比；②制裁双方的贸易联系；③制裁双方的代价和损失。政治层面的因素包括：①制裁的目标；②制裁的方式；③制裁的意志和抵制的决心。而国际合作层面的因素则包括：①制裁方外部的国际合作；②被制裁方的国际合作；③制裁方内部的国际合作①。以上三个层面的各个因素对于经济制裁的有效性来讲均有着间接但不容忽视的制约作用，为此下文将展开详细论述。

一、经济层面的因素

经济制裁就是要通过各种经济手段来对目标国造成一定程度的经济损失，当受制裁方不堪重负或者对冲突的预期持悲观态度时，作为理性的决策者，被制裁方则更愿意做出相应的政策调整。传统理论也认为，经济制裁之所以能够发挥效果的关键原因在于通过经济联系的中断或受阻，可以对目标国家造成足够大的经济压力，进而能够胁迫被制裁国能够按照制裁发起方的意愿行事。阿尔伯特·赫希曼（Albert Hirschman）在他的《国家实力与国家贸易的结构》一书中指出，一个政府如果具备中断与另一个国

① 此类合作主要针对国际组织而言，例如由联合国、欧盟所实施的经济制裁，其成员国之间的合作便属于这一类合作。

家贸易关系的威胁能力，那么这种能力无疑是一个有效的斗争武器。也正是因为政策变革与经济困难程度二者间呈正比关系，所以当制裁给目标方造成的经济困难越大，目标方的政治服从概率也就会越高。而从经济层面因素上来衡量制裁的效果时，考察的主要指标包括双方的经济硬实力对比、双方的经贸联系程度，以及双方实际的经济损失程度。

首先，经济制裁是经济实力与强权政治的一种联姻，运用经济制裁手段的前提在于制裁发起方必须要拥有强有力的经济实力。换句话说，经济规模较小的国家并不愿意主动对另一个国家发起经济制裁，即便勉强而为之，也常常会受到自身经济实力所限，很难给目标国造成实质性的打击，因此其制裁更多的是一种自身立场和态度的表达，象征性的意义更为突出。相比较而言，经济规模较大的国家则更有能力运用经济制裁这一手段，尤其是对经济实力弱小的国家实施制裁时。在以往的经济制裁实践中，大多数案例表明，制裁发起国与被制裁国的 GDP 之比大于 10 倍，且有近一半的案例显示，双方的这一比值甚至超过了 100 倍。经济实力不对称的比例关系一方面客观反映出美国、欧盟、联合国无疑是运用经济制裁工具的主角，另一方面也意味着经济规模较小的国家常常充当着被制裁的角色。

其次，在经济制裁过程中双方经贸联系越紧密，制裁国越有可能通过制裁手段对目标国的经济造成一定的冲击力。通常人们认为，推动两国双边贸易关系，深化贸易依赖可以抑制冲突的产生和升级。然而，巴比尔蕾（Barbieri）（1996）则持相反观点，原因在于贸易依赖实际上可能会增加彼此双方的冲突风险。在他看来，这一风险之所以存在主要取决于双方的贸易关系是否对称，当双方贸易关系是一种对称式的相互依赖，那么彼此冲突的风险通常较低。但如果双方的相互依赖关系属于非对称式，即一方在经贸关系上更依赖于另一方时，这就极可能会增加彼此发生冲突的风险，增加依赖性较少一方手中的权力。正如罗伯特·基欧汉和约瑟夫·奈所指出的那样，双方非对称依赖会增加胁迫的机会，这就是权力的关键来源。依赖较小的一方通常具有较多的权力资源以及运用这一资源的手段，它势必将会在外交政治上产生一定的影响。也就是说，制裁国如果拥有充足的特殊资源，而这些资源对于目标国来讲又极其重要，那么前者就可以对后者行使权力。因此，要想使经济制裁行动能够起到更好的效果，发起方就必须将不对称性相互依赖这一有利资源充分运用，以此来影响目标方的行为和政策。①

最后，在经济制裁过程中经济损失对制裁的成功与否发挥着关键性作用。不可否认，经济制裁这一工具是把“双刃剑”，一旦制裁政策生效后，双方均会承受由此所带来的经济损失。这对于制裁能力较强的发起方来讲，在以上过程中通常受到的损失较小，一方面其自身“消化”和“修复”的能力较强，另一方面是其转移和弥补经济损失的途径也相对较多。

而对于目标制裁方来讲，制裁所造成的经济损失将可能会影响其政策行为。按照奥苏里文（O'Sullivan）的观点，经济制裁最终是否有效的一个重要指标就是制裁措施能够在多大程度上给目标国造成“绝对”的经济损失，形成有效的经济压力。如果制裁措施没有造成什么实质性损失或这种损失被目标方通过各种方式成功地化解或转嫁掉，那么制裁发起方就很难指望通过制裁手段来达到改变目标国政策和行为之目的。为此，克劳兹（Klotz）认为，经济制裁发起国必须使受制裁国所承受的经济损失远远大于其继续维持现有政策的获利。② 这就意味着受制裁国的决策者应该要根据这一现实落差做出相应的政策调整，如果仍然坚持抵制，毫不妥协，那么其可能将承受更大的制裁损失。

二、政治层面的因素

经济制裁能否有效除了从经济层面加以评估外，政治层面的影响因素同样至关重要。对于政治层面的因素而言，制裁的政策目标设定、制裁的方式选择以及制裁的执行力和抵制力无疑是其三个关键的考量因素。

首先，就政策目标而言，一起经济制裁是否有效首先离不开其政策目标的设定。按照目标设置理论（Goal Setting Theory），“明确度”和“难度”是目标的两个最基本的属性。在目标的明确度上，政策制定者在设定

① George E. Shambaugh，States，Firms and Power：Successful Sanctions in United States Foreign Policy，Albany，New York：State University of New York Press，1999，pp. 6-10.

② Neta C. Crawford and Audie Klotz eds.，How Sanctions Work：Lessons from South Africa，London/New York：Macmillan/St. Martin's Press，1999.

目标时越清晰、越明确，这一目标就越有可能让对方清楚地明白它要做什么，同时也能让己方知道可能需要付出多大的努力和代价去实现预期目标，明确的目标有利于减少行为的盲目性，进而提升自我控制水平。

对于经济制裁而言，运用这一手段主要的目的在于劝阻、胁迫、发信号或者惩罚。① 在经济制裁实践中既可以追求一种目的，也可以多目的彼此结合。但无论如何选择，首要的任务就是要明确制裁的目标，并通过外交途径清晰地传达给受制裁方。虽然这一过程存在讨价还价的可能，也存在着其他隐含的目标，但制裁方的底线越明确，越不会造成被制裁方的误判或曲解。

就目标的难度而言，在设定目标时要依据自身的能力和实力去量力而行。合理的目标设定更能够引导制裁行动围绕制裁目的展开，使得决策者可根据难度的大小来调整努力的方向，尽可能有效地发挥自身能力，促进制裁目标的最终实现。对于制裁的目标，霍夫鲍尔将其分为五类，即：一是受制裁方在政策上做适度的改变；二是政权或政体上的改变；三是中断或遏制一场规模较小的军事冒险行动；四是削弱一个重要对手的军事对抗潜力；五是受制裁方其他主要政策和行为的改变。

通过实证研究来看，诸如要求释放被关押的政治犯、被扣押的公民等这一类的制裁目标，其成功率可达到一半的水平，涉及颠覆或改变对方政权，煽动当权者实行民主化等目标的成功率仅为30%左右，而至于企图打击对方军事冒险行动的经济制裁，其成功率只有21%（参见表2.2）。可见，对于不同性质的制裁目标，其实现起来的难易程度也不尽相同。如果政策制定者在制裁目标的设定上期望过高，那么势必会加大其制裁的难度。

表 2.2　1914—2000 年获得成功的制裁情况

政策目标	成功案例	失败案例	总计	成功率（%）
适度的政策改变	22	21	43	51
政权改变及民主化	25	55	80	31
打击军事冒险行动	4	15	19	21
削弱军事潜力	9	20	29	31

① Richard N. Haass, Economic Sanctions and American Diplomacy, Council on Foreign Relations, 1988. p. 1.

续表

政策目标	成功案例	失败案例	总计	成功率（%）
其他主要政策改变	10	23	33	30
总计案例	70	134	204	34

数据来源：Gary Clyde Hufbauer，Jeffrey J. Schott，Kimberly Ann Elliott and Barbara Oegg. Economic Sanctions Reconsidered，Washington D. C.：Peterson Institute for International Economics，Third edition，2007，p. 127.

其次，就制裁的方式而言，经济制裁的效果往往离不开决策者对制裁方式的选择。通常情况下，经济制裁主要包括全面经济制裁、有限经济制裁、列表式经济制裁三种形式。全面经济制裁指的是限制或中断与受制裁方的所有经济联系，禁止一切直接或间接的贸易进出口、贸易融资以及相关的技术和服务。有限经济制裁指的是一种有选择性地制裁，即对目标国进行出口限制、资产冻结，或就某些领域实施贸易禁运等措施。相对于前两种制裁方式，列表式经济制裁则是指以更为精确的方式对国家安全、外交政策和经济利益构成威胁的个人、实体和组织进行有针对性的经济制裁行动。

不同的制裁方式会给目标国带来不同的经济损失。如同在军事行动中可以采取空袭打击、地面部队作战或全方位的海陆空一体化作战。显然打击方式不同，其所要承担的风险和代价也不相同，对目标国造成的损失也不尽相同。同样经济制裁也亦如此，全面制裁的方式对目标方的经济影响是巨大的，如果双方存在较为密切的经济联系，制裁能够快速且严格的执行，那么目标国很难在短时间内进行自我补救或损失转移，其将承受较大的制裁压力。然而也有研究者认为，有选择性、有针对性的经济制裁能够更灵活、更有效地将制裁压力直接作用于本应承担责任的组织和个人身上。不考虑人道主义问题，从制裁的实际效果评估来看，学界普遍认为 20 世纪 90 年代联合国的全面制裁机制是相对有效的。所以，针对经济制裁而言，制裁的类型和方式会在一定程度上影响制裁的最终结果。

最后，就制裁的执行力而言，无论采取哪一种制裁方式，其最终都要落到具体的政策执行上。无论是双边、多边还是联合国层面的经济制裁，其既定的制裁政策能否有效落实执行，将对制裁的效果产生直接的影响。

例如，联合国发起的经济制裁行动，在安理会制裁决议通过后，制裁措施能否在各国国内得以顺利执行是存在不确定性的，虽然安理会制裁决议具有国际法效力，但很多国家均未就联合国的经济制裁措施给予相对应的国内法律效力，因此在具体落实过程中，存在着一些国家难以有效执行的情况。就国家自身而言，由于制裁政策常常会引起经济利益的重新分配，严格执行联合国的制裁决议会遭到一部分国内利益集团的阻挠或掣肘。虽然，制裁发起方承受一定的经济损失可以表明其制裁的决心和意志，强化惩罚和威胁的可信度，但如果制裁发起方内部出现意见分歧或明显的争论时，那么缺乏共识和动员力势必会在落实的效果上大打折扣；与此同时，若受制裁方从发起方所释放的诸多信号中获得这一信息，其很有可能不会轻易地做出妥协和让步。

三、国际合作层面的因素

从广义上讲，国际合作包括制裁国与第三国之间的合作、制裁国集团内部间的合作以及受制裁方所寻求到的第三国合作。例如，美国在制裁俄罗斯的问题上与欧盟所达成的制裁合作属于第一种，联合国、欧盟制裁伊朗时各成员国之间的合作属于第二种，而俄罗斯寻求与中国、印度的合作抵制欧盟的经济制裁则属于第三种。从理论上讲，国际合作就是行为体间基于相互利益的重叠，在某些议题和领域所进行的政策协调行为，这种协调行为运用到经济制裁上会对制裁的效果产生一定的影响。

经济制裁的研究者们普遍认同第一种类型的国际合作会对制裁效果所产生的积极作用。因为在他们看来，国际合作被认为是一个让目标国做出巨大政治让步的必要条件。① 从经济学的角度分析，经济制裁必须要让目标国产生经济损失来以此迫使它屈服或退让，但当诸如切断双边经济联系的制裁措施并不会直接给目标国的贸易进出口造成巨大的冲击影响时，被制裁国很容易就可以将与制裁国的贸易合作转向其他国家，尤其是在经济全球化快速发展的今天，寻找贸易替代国实际上并不十分困难，除非制裁

① Daniel W. Drezner, Bargaining Enforcement and Multilateral Sanctions: When is Cooperation Counterproductive? International Organization, 2003, vol. 54, no. 1, pp. 73-102.

发起国能够完全控制目标国的运输和人员出入境通道。例如，南非完全有能力控制莱索托的全部入境通道，有效切断其与外部的货物交易等经贸联系，意大利理论上同样可以对圣马力诺实现以上效果。

除了上述类似的特殊情况外，如果想让制裁手段发挥较好效果，制裁发起方必须要有能力在目标国努力寻找替代市场的情况下，仍能准确打击到它的贸易进出口能力。因此，寻求高水平的制裁合作无疑将有利于这一目标的达成。此外，制裁国寻求更广泛的国际合作也将有利于提高制裁的道德认同感，使得目标国不仅在经济层面上遭受更大损失，而且在心理层面上也承受着巨大的压力。

制裁联盟内部成员国间的国际合作程度同样对经济制裁的有效性产生直接影响。无论是联合国还是欧盟所发起的经济制裁行动，其最终都需要落实到各成员国的具体执行上，制裁机制能否有效地发挥作用自然离不开成员国的普遍遵守和积极配合。然而，构建一个稳定的多边合作制裁联盟需要较高的合作成本，成员国数量越多，合作成本就会越大。以联合国为例，安理会通过制裁决议后，各成员国能否按照决议去严格执行往往存在着不确定性，国际义务具体落到国内执行过程中，各国通常会基于自身的国家利益来考虑政策执行的可行性和操作落实过程中可能带来的负面影响。虽然所有国家都声称本国的国家利益与国际利益是一致的，然而事实上国家利益都只在特定的条件下才与国际利益一致。① 因此，就集体制裁决议的执行而言，当这一行动对于维护成员国国家利益至关重要时，该国才会更愿意付出巨大的努力和代价来维持制裁的合作，否则，在集体制裁行动中很容易出现搭便车或背叛的现象。为此，就维护制裁联盟的内部合作，尤其是防止出现成员国的背板，除了运用惩罚机制来进行约束外，一些利益补偿机制以及内部协商机制对于维护制裁的合作都发挥着重要的作用。

制裁实践证明，第三种类型的国际合作对经济制裁效果的负面影响最为直接。很多制裁案例的失败除了受到经济与政治因素影响外，受制裁方所寻求到的国际合作无疑是制裁行动失效的重要原因之一（参见表 2. 3）。

---

① 阎学通、阎梁：《国际关系分析》，北京：北京大学出版社 2008 年版，第 69 页。

受制裁国从它的邻国、同盟国或者其他国家那里获得一定的支持与帮助，将有利于其抵消经济制裁所承受的巨大损失。例如美国对古巴的经济制裁案例中，作为二战后崛起的大国，美国在政治、军事、经济领域的实力无任何国家可以匹敌，然而对古巴持续几十年的经济制裁却并没有让卡斯特罗政权做出实质性的让步。究其原因，一个重要因素就是“黑骑士”（受制裁方国际合作者）角色的存在，因为当美国对古巴实施贸易禁运后，苏联最先扮演起这一角色，通过补贴和长期贸易信贷来帮助古巴消除因美国制裁而承受的巨大损失。随后，作为美国盟友的英国、日本、西班牙等国也借机迅速填补了美国撤离古巴而留下来的市场份额，也正是由于这些国家的协助，古巴更有实力去抵消在制裁中所遭受的经济损失，增加了古巴当局抵制美国制裁的信心和决心，使得美国对古巴贸易禁运的政策效果难以有效发挥。所以，受制裁方获得更多的国际协助将直接影响到经济制裁的有效性。

表 2.3　目标国是否接受国际协助与制裁政策目标是否实现的成功与失败案例统计

政策目标	成功案例	失败案例
适度的政策改变	9	10
政权改变及民主化	16	22
打击军事冒险行动	0	27
削弱军事潜力	11	25
其他主要政策改变	10	35

数据来源：Gary Clyde Hufbauer，Jeffrey J. Schott，Kimberly Ann Elliott and Barbara Oegg. Economic Sanctions Reconsidered，Washington D. C. Peterson Institute for International Economics，Third edition，2007，p. 127.

第三章

经济制裁的价值判断

经济制裁的有效性是基于工具层面的评价，而经济制裁工具的好与坏是基于价值层面的评估。作为政策工具的选项之一，对经济制裁的认识不能只关注其是否有效、是否最终实现了对外政策的目标，也要从伦理、道德、合法性等层面来对经济制裁进行价值判断，这对于经济制裁理论、方法、实践具有重要的促进作用。有鉴于此，本章将围绕经济制裁的合法性与合理性，经济制裁的国际伦理以及经济制裁的正义性问题展开详细论述。

第一节　经济制裁的合法性与合理性

经济制裁的价值判断首先离不开对制裁行为合法性的判断。那么，如何判断经济制裁的合法性，用什么标准来判断，即判断的依据是什么，这无疑是需要进一步讨论的重点。

在人们的普遍认识中，由联合国发起的经济制裁行为具有天然的合法性。当联合国安理会断定一个国家的行为对世界或地区构成和平之威胁、和平之破坏或侵犯行为的事实时，其可根据《联合国宪章》第七章内容中第三十九条、第四十条以及第四十一条的有关规定，以维持或恢复国家和平及安全为由，对目标国实施经济制裁，这一行为也被认为是符合国际法之规则。该宪章第四十一条也明确指出，安理会可决定采取武力以外之办法，包括经济关系、铁路、海运、航空、邮、电、无线电及其他交通工具之局部或全部停止，以及外交关系之断绝，以实施其决议，并得促请联合国会员国执行此项办法。①

此外，为了使安理会共同表决通过的决议更具有充分的法律约束力，《联合国宪章》第一百零三条特别规定，当联合国会员国应尽义务与其所承担的其他义务发生抵触时，会员国应该以宪章下所承担的义务为优先。也就是说，当其他国家的协定与联合国宪章发生冲突时，成员国对前者所负的义务应该让位于其对联合国宪章所负的义务，作为联合国成员国，其有必要去执行联合国安理会的集体决议。

然而，国际社会也存在对联合国实施经济制裁合法性的质疑。例如，一种观点认为安理会的决定权不具备代表性，安理会应该进行必要的改革，在常任理事国及非常任理事会的席位上进行扩容，这样才能有助于其提高制裁决策的代表性。显然，这一质疑的焦点更多涉及合法性的技术层面而并非法理层面本身。《联合国宪章》将维护国际和平与安全的首要责任赋予安理会，而安理会的一项职能权力就是促请联合国会员国实施经济制裁，以防止或制止一国的侵略行为。此外，安理会理事国的代表性是由《联合国宪章》所赋予的，在宪章第五章第二十四条中明确规定了各会员国将维护国际和平及安全之主要责任授予安理会，并同意安理会在履行此项责任时系代表各会员国。目前九票决议生效制是在现行《联合国宪章》的国际法框架下所赋予的规则，因此对安理会代表性的质疑不具备法理意义，更不能以此影响成员国履行制裁决议的义务。

对联合国制裁合法性的另一个质疑集中在其实施经济制裁的危害性上。联合国大会曾指出其制裁的目的在于纠正一方意在威胁国际和平与安全的冒险行为，而不是惩罚或采取其他方式给予打击报复。② 然而联合国的经济制裁实践却曾带给目标国无辜民众灾难性的伤害，尤其是对那些目标国内本就脆弱的社会群体。经济制裁会加剧被制裁国的贫富差距，并常常会引发一系列不道德的非法商业行为，联合国成立制裁委员会的目的在于保护和促进人权，但是一些制裁制度执行的结果却是在实质性加剧目标国人权状况恶化，制造出了更大的悲剧。例如，20 世纪末，联合国针对伊

---

① 参见联合国官网发布的《联合国宪章》，http：//www. un. org/zh/charter-united-nations/index. html。

② 参见联合国大会第 51 届会议 242 号决议，1997 年 9 月 15 日。

拉克和海地所实施的经济制裁行动。因此，从这一点上质疑联合国经济制裁的合法性存在可以进一步商榷的价值。从现实的角度出发，目前人权法和国际人道法并不适用于责成安理会加以遵守，但是一般国际公法（一般原则或习惯法）还是能够适用于对经济制裁本身给予相应的具体限制或法律约束效力。① 所以，消除质疑最直接的办法就在于合理降低联合国发起经济制裁行动后所带来的人道主义负面影响。

相比较联合国经济制裁合法性的问题，对于单边经济制裁行为而言，其合法性一直存在着不少争论。核心的议题就是围绕单边域外经济制裁合法性来源的判断。美国学者柯蒂斯·亨德森认为，单边经济制裁并没有违反国际法，因为《联合国宪章》第二条第四点规定有关各会员国在其国际关系互动上不得使用威胁或武力（Force）侵害他国权益，这里的武力所指范围是存在争论的，即武力是否包括非军事类型的武力——经济强制措施。如果《联合国宪章》的条款明确禁止经济强制措施如同禁止军事行动一样，那么，单边经济制裁就违反了宪章第二条。然而从绝大多数的研究实践来看，人们普遍认为，《联合国宪章》第二条第四点是不包括经济强制性措施的。② 联合国前国际法委员会主席杰拉尔德·菲茨莫里斯（Gerald Fitzmaurice）（1957）很早就认为单边经济制裁不存在合法性的争议，因为一个国家有权选择本国的贸易伙伴，这是一个已经建立起国际共识的原则；同时一个国家也有权独立制定符合本国的贸易政策，这也是主权原则的一个衍生。③

对单边经济制裁合法性持否定态度的判断同样出自国际法层面。从《联合国宪章》的表述来看，经济制裁是集体性的经济措施，而单边经济制裁通常是一个主权国家对另一个主权法国家通过制裁的方式来达到其改变被制裁方行为的目的。因此，有研究者认为，这种制裁的实施所对应的

---

① Velásquez Ruiz, Marco Alberto, International law and Economic Sanctions in the ground of Economic, Social and Cultural Rights, International Law: Revista Colombiana de Derecho Internacional, núm. 21, julio-diciembre, 2012, pp. 238.

② J. Curtis Henderson, Legality of Economic Sanctions UnderInternational Law: The Case of Nicaragua, Washington and Lee Law Review, Volume 43, Issue 1, 1986, pp. 167-196.

③ G Fitzmaurice, "The General Principles of International Law Considered from the Standpoint of the Rule of Law", Recueil des Cours, 1957, pp. 48-50.

是一国的国内法，对他国实施经济制裁实际上已经违反了国际法所公认的属地管辖原则。[①] 从国际法涉及的国家管辖原则上来看，一个国家的管辖权利不仅可以依据属地管辖原则（Territoriality Principle），而且还可以依据属人管辖原则（Personality Principle）、普遍管辖原则（Universality Principle）以及保护性管辖原则（Protective Principle）。但是，无论基于哪种原则都很难就单边经济制裁的合法性给予有效的支撑。

应该明确的是，并非单边经济制裁就一定不具备合法性。在判断单边经济制裁合法性的问题上，应该从制裁本身的性质上加以分析。一个主权国家发起的经济制裁属于什么性质的行为通常可以决定其制裁合法性的高低。从制裁实践来看，单边经济制裁的性质不外乎以下三种：一是对抗或回击；二是基于国际法义务的经济干涉；三是自主性非武力强制干预。具体分析如下：

首先，对抗或回击类单边经济制裁依据习惯国际法判断而言具备合法性。此类经济制裁可以理解为是一种针对目标责任国撕毁条约、破坏约定以及率先进行经济、军事威胁和打击的一种反制措施。受害国对目标责任国违反国际法或双边条约的相关不法行为采取所谓的反制或回击措施是符合国际法的行为。这类经济制裁的合法性判断如同对战争中受害国面对他国军事侵略而进行自卫反击战的合法性判断类似。

其次，基于国际法义务的经济干涉类单边制裁也具有一定的合法性。这类经济制裁可以理解为非直接受害国对于违反国际法行为的国家所做出的积极回应措施，即通过非武力强制性措施对规则破坏方进行必要的惩罚，迫使其改变政策，遵守国际法规则。

最后，对于自主性非武力强制干预类单边经济制裁，其合法性并不明显。究其原因在于，此类经济制裁通常是一个国家为达到政治、经济、军事等目的而主动对另一个国家采取非武力强制性措施，进而实现威胁或胁迫后者改变政策，做出相应的妥协或让步的目的。这类单边经济制裁并不

① Ali Z. Marossi and Marisa R. Bassett, Economic Sanctions under International Law: Unilateralism, Multilateralism, Legitimacy, and Consequences, Springer, 2015. Hossein Farehi, "The Legitimacy of Unilateral Sanctions on Iranian Oil from the Perspective of International Law", Management and Administrative Sciences Review, Volume: 3, Issue: 4, July 2014, p. 261.

是出于目标制裁国破坏国际法规则在先，而是更多意味着一种政治性动机的损害或强制。美国对古巴所实施的旨在推翻卡斯特罗政权的经济制裁便属于这一类单边制裁行为。

经济制裁的价值判断离不开制裁行为的合法性支撑，同时更离不开对制裁行为的合理性判断。诚然，制裁的有效性对于政策制定者而言尤为关键，有效的制裁政策才能体现这一政策工具的实际意义和实用价值。然而，过度追求制裁的有效性，将经济制裁变成最大限度地谋求政治、经济等各类利益的工具，其很有可能会因追求功利性目标而留下灾难性的后果。

为此，经济制裁政策的合理性应该从两个方面加以认识，一是基于价值层面的认识；二是基于工具层面的认识。按照马克斯·韦伯对合理性概念的划分，合理性可分为价值（合）理性与工具（合）理性。其中，价值理性相信一定行为的无条件价值，即强调行为自身所蕴含的价值，注重行为动机的纯正、手段的正确，追求公平、正义而不在意功利性结果。相比而言，工具理性则相信行为应该追求功利性的目的，并从效果最大化的角度思考和行动，漠视情感和精神价值，漠视工具自身存在的价值和意义。

经济制裁作为一种对外政策工具，其应既具有工具性的一面，也应具有价值性的一面。如果研究者和政策制定者过多从工具理性层面去理解和认识经济制裁手段，而缺乏价值理性层面的研究和判断，这就是对经济制裁价值理性的“刻意回避”，对工具理性的“一味独尊”，其结果无疑会使制裁手段的运用成为一个“政治获益和平民受苦” （Political Gain and Civilian Pain）的过程。① 我们可以不必回避经济制裁的功利性，但并不意味着制裁的最高目标的成败是以最终彻底实现功利性的目的作为衡量标准的。

经济制裁最为重要的目标之一是减少在国际社会贸然采取军事行动的可能性。② 经济制裁之所以可以成为替代战争的手段，并不是因为其更有

---

① Thomas G. Weiss eds, Political Gain and Civilian Pain: Humanitarian Impacts of Economic Sanctions, Ro-wman & Littlefield, 1997.

② Lawrence J. Brady, The Utility of Economic Sanctions as a Policy Instrument, David Leyton-Brown ed., The Utility of Economic Sanctions, St Martin's Press, 1987, p. 299.

效，而是因为其更有利，即它有利于降低战争手段的高成本和高消耗，有利于避免在整个过程中可能造成的大量人员伤亡。如果缺少这一前提，或者不以这一标准来衡量经济制裁的合理性，那么定义经济制裁的目的与定义战争的目的之间就缺乏实质性的区别。因为采取军事手段同样可以实现发信号、惩罚、吓阻和改变等目的，甚至理论上所谓的“斩首行动”都可能要比通过经济制裁的方式来迫使目标国当权者做出让步更加有效。

所以，经济制裁的合理性要建立在合法、适度和符合理性选择的基础之上。制裁的理由首先要合乎现行的国际法或国际习惯法，赢得国际社会的普遍承认。制裁过程中要充分考虑其可能对目标国带来的人道主义伤害，应该采取相应的人道主义措施来缓解或降低经济制裁的负面影响。此外，制裁的相关决策要符合目的合理性和价值合理性这两个方面，争取做到在目标实现上要低成本，最终造成的结果要低伤害。因为经济制裁从功能价值上讲是一种比军事手段更为人道的方法，这是经济制裁区别于军事手段的特有属性，它不是由其功利性目的所决定的，而是由其自身潜在的人道价值体现的。所以经济制裁除了具有强制性功能外，也应该具有人道主义的考量，如果缺少这一前提，那么任何一起制裁行动的合理性都会受到质疑。

第二节　经济制裁与国际伦理

伦理问题是国际关系研究的一个重要内容，尤其涉及国际冲突领域时，诸如战争中的伦理问题。然而从现实主义的角度来看，国际关系领域似乎不是一个适合谈国际伦理的领域。美国政治学家汉斯·摩根索认为，民族国家在追求利益时所遵循的道德，不同于普通人在处理人际关系中所遵循的道德，虽然他也将伦理道德视为对政治行为的一种约束机制，但政治现实主义并不把“某个国家的道德追求等同于普遍的道德规范”。[①] 强调

---

① 詹姆斯·多尔蒂、小罗伯特·普法尔茨格拉夫：《争论中的国际关系理论》，阎学通、陈寒溪译，北京：世界知识出版社 2003 年，第 83 页。

国内秩序与国际无政府状态之间的不同，使得主导国际关系的理论范式一度可以有效地将“伦理”从国际政治中排除。但在全球化的大背景下，世界主义已经成为全球公共政策探索人性化改革议程中的关键一环。[①]

受自由主义的影响，国际社会中诸如联合国、欧盟这样的国际或地区性组织开始不断强调国际政治互动中的道德维度。因为道德在很大程度上取决于集体的权威性，国际组织应更有能力去鼓励和阻止国家的某些行为，使其行为更加合乎国际道德与规范。相信国际伦理道德对国家行为具有一定的约束力，也是新自由制度主义理论中的“多边主义”超越“单边主义”范式的一个逻辑。

在当今国际关系互动中，国际伦理体现了国际社会共同体道德理性的价值规范与行为准则，任何一种国际关系现象都不可能离开道德理性与价值判断而独自存在。[②] 如果国际伦理对国家行为有一定的规范作用，那么作为一种对外政策工具，经济制裁是否也要受到伦理与道德的约束？诚然，国际政治的现实是以国家利益为考虑，当国家利益遭到重大威胁或损害时，一切用于维护这一利益的手段在统治者看来似乎都是正当的。但是，目标的正当性并不意味着其手段的运用就一定会符合国际道德，军事手段也是如此。经济制裁方式同样也不能无视公平、正义、人权、和谐等伦理道德要素所规范的国际行为观念和国际准则。

从工具本身而言，经济制裁被认为是替代战争的一种更为人道的方式，但这一工具的运用也会带来一定的道德成本。经济制裁之所以有效的逻辑在于其可以对目标国的经济造成实质性损失，这一损失被认为是对目标国先前破坏规则、制造麻烦的惩罚性行动，目的在于迫使目标国及时改邪归正，避免一错再错。[③] 但是，如果在惩罚过程中不受道德的约束，其很有可能会给被制裁国社会带来严重的灾难性后果。制裁措施会直接导致该国民众收入锐减、失业率攀升、资本外逃、公共服务体系不断恶化，而

---

① James Brassett and Dan Bulley, Ethics in World Politics: Cosmopolitanism and Beyond? International Politics 44, 2007, pp. 1-18.

② 余潇枫：《伦理视域中的国际关系》，《世界经济与政治》2005 年第 1 期，第 19 页。

③ Kim Richard Nossal, International Sanctions as International Punishment, International Organization, vol. 43, no. 2, Spring 1989, pp. 301-302.

社会最为脆弱的群体往往将承受最大的制裁伤害。

此外，经济制裁也很有可能会增加目标国政权对该国民众的政治压迫和暴力镇压的强度。从实践来看，之所以联合国对伊拉克的经济制裁至今仍被国际社会所诟病，是因为这场“看不见的战争”以维护和平正义之名让当时近2000万伊拉克人民承受了巨大的人道主义灾难。类似的悲剧也曾发生在联合国制裁南斯拉夫、海地等国的案例中。

因此，经济制裁要尽可能符合国际伦理，无论从政策的制定到具体的执行都不应该超出伦理价值的范围之外。换言之，经济制裁像其他政策一样，必须以公正客观的道德标准来衡量。① 否则，制裁行为无疑会成为另一种形式的暴力。可见，经济制裁的伦理在于保障基本人权，对于被制裁国普通民众的生存权、生命权给予基本的尊重，这即是国际道义的体现，也是国际经济制裁的伦理来源。

经济制裁并非毫无禁忌，尤其是对于多边经济制裁而言。作为一项国际公共政策，经济制裁的运用应该考虑国际伦理和道德对其的约束和限制。即便经济制裁是在联合国安理会合法授权的基础上实施的，然而一旦对目标国造成了严重的人道主义伤害，其势必会面临道德层面的质疑和指责。

第三节　经济制裁的正义性问题

如从国际道德层面考察经济制裁的正义性议题，最容易进行类比分析的便是借助“正义战争理论”所构建的框架。经济制裁虽然被认为是战争的一种替代手段，但其与战争的性质存在较大差别，因为二者实施的前提条件不同，打击的对象不同，所造成的破坏力和负面影响也不相同。但毋庸置疑的是，制裁与战争从政治从属性以及国际道德评判的基本尺度上来看，二者又有许多相似之处。例如，两者都是国家行为，都是政策工具，

① Msgr. Stuart Swetland：The Morality of Economic Sanctions. http：//www. ncregister. com/site/article/the-morality-of-economic-sanctions.

都是对抗活动，都具有丰富的伦理内涵，其目的、手段和后果都将面临道德审视。[①] 因此，虽不能直接套用“正义战争理论”来理解和认识经济制裁，但对制裁而言，战争伦理的反思逻辑有助于我们去探索和推动经济制裁伦理的形成。

正义战争理论的核心内容可分为三个部分：一是开战正义或称之为诉诸战争权（Jus ad bellum）；二是交战正义（Jus in bello）；三是战后正义（Jus post bellum）。战后正义严格上讲并不涉及战争的整个过程本身，因此我们可以借鉴“开战正义原则”与“交战正义原则”中所涉及的战争伦理分析框架来引出“制裁伦理”的核心要素。开战正义主要通过考察战争的理由来判定战争本身是否正义；交战正义主要通过考察遵守或违反战争惯例或规则的情况来判定战争是否正义地进行。[②]

开战正义在道德层面上需要满足的六个原则，它们分别是：

①合法权威的原则；

②理由正义的原则；

③目的正义的原则；

④最后手段的原则；

⑤相称性的原则；

⑥合理的成功可能性原则。

第一，对于合法权威原则而言，这一原则是指宣战的一方需要具备合法的权威性。因为发动一场战争必须要由一个合法的当局来决定，它应该具有一定的道德权力且能够代表广大的人民。从国家层面，其代表性越高，权威性就越大。[③] 而在国际层面，国际组织的合法权威显然要高于一个国家发动战争的合法性权威。这一原则在经济制裁上也具有一定的参考价值。不可否认，任何一个主权国家都有中断与他国经济往来的权力，然

① 石斌：《有效制裁与“正义制裁”——论国际经济制裁的政治动因与伦理维度》，《世界经济与政治》2010 年第 8 期，第 24~47 页。

② 参见张书元、石斌：《沃尔泽的正义战争论述评》，《美国研究》2007 年第 3 期，第 116-127 页。

③ 早期正义战争理论认为只有主权国家才有发动战争的合法权威，后来一些学者提出，一个分裂主义者或民族解放运动如果可以称得上代表一个国家或人民，就可能有发动战争的合法权威。例如，美国独立战争是由 13 个州发起的，但其仍具有较高的代表性。

而当这一权力转化为“经济武器”并加以运用时，其合法权威性的来源就会外溢到国际社会层面。也正因如此，学界对单边经济制裁的合法权威性存在不少争议。但有一点可以确定，集体制裁行动的合法性权威要高于单边制裁行动，而以联合国名义发起的制裁行动其合法权威性最高。

第二，对于理由正义原则而言，这一原则主要指诉诸战争时必须要有正当的理由。战争“正当性”来自对实际或可能造成军事打击的自我防卫，或者来自对目标国严重侵犯本国公民人权行为的制止行动。因此，理由正义是“开战正义”的前提条件。将该原则适用到经济制裁上则可以解释为实施经济制裁的“正当性”要么出于自卫的目的，要么基于维护和保障人权的目的。第一种理由显然没有太多的争议，而第二种理由则可能会涉及以经济制裁形式来进行国际人道主义干涉的问题，这就回归到了人道主义干涉所涉及正当性讨论的议题。即便存在争议，但由全球或区域性组织实施或授权下的经济制裁，其理由正义性会更高；而没有获得国际和地区组织的集体授权，一个国家行为体单方面对另一个国家行为体进行人道主义干涉的行为，其理由正义性最低。

第三，对于目的正义原则而言，发动一场战争不仅要有正当的理由，同时也需要具备正当的意图和目的，如果缺乏目的正义，那么战争发起方很难以道德原则支撑战争的合理性。换言之，如果一个国家说的或做的不符合道德原则，或者不是基于正当理由，那么这个国家发动的战争就是非正义的。[①] 经济制裁同样也应该在这一原则上给予必要的审视。发起经济制裁不仅需要表明清晰的目的，同时其意图应该符合正义性。如果制裁只是为了煽动和加速目标国内部不同政治派别的暴力冲突；或是为了谋求本国私利而通过经济压力来实现干涉他国的内政和外交事务，此类经济制裁的目的显然已无正义性可言。

第四，对于最后手段的原则而言，发动战争本身是邪恶的，是不得已而为之的最后措施。如能找到可替代的方式，在其他途径上还存在化解矛盾和冲突的可能性，那么应尽量避免诉诸武力。显然战争的门槛要远比实

① 威廉姆·H. 肖：《正义战争理论》（庄忠正译），《国外理论动态》2013 年第 6 期，第 19 页。

施经济制裁的门槛高，如果战争是最后的选择，那么只有当其他手段诸如经济制裁已经彻底无效的情况下，采取军事行动才可能降低战争的道德成本。同样，这一逻辑也适合用经济制裁与外交手段相比较而言。换言之，如果外交照会、双边或多边谈判还存在缓解矛盾的可能性，此时仍然要执意实施经济制裁行动，那么其合理性和正当性也因此会受到质疑。

第五，对于相称性原则而言，战争预期的收益应该超过其带给目标方的最终伤害。这一原则意味着即使发动战争的理由正义、目的正义，发起国也必须权衡战争的后果。类比到经济制裁领域，如果制裁所带来的收益大于其对目标国所造成的伤害，也就是制裁发起方通过制裁手段迫使目标国改变其政策，客观上减轻了目标国原有政策对目标国民众的伤害，这样的制裁行动就符合这一相称性原则。反之，如果经济制裁最终导致了目标国的人道主义危机或目标国民众所承受的苦难并没有因制裁政策而减轻，反而更加严重时，即制裁所带来的“恶”超过了其所造成的“善”，那么发动经济制裁的合理性和正义性就会受到根本性的质疑。

第六，对于合理的成功可能性原则而言，发起一场战争要有一定的胜算把握，如果机会渺茫，那么战争只会给双方带来更大的伤害。简言之，这一原则就是为了防止盲目的宣战和无谓的牺牲。这种情况非常适用于经济制裁，因为从以往的制裁实践表明，这一工具并非十分有效，按照学者的统计数据显示，经济制裁的成功率仅三成左右。因此，在是否要采取经济制裁行动时，决策者应慎重考虑、量力而为。毫无疑问，只有当政治目标有可能借助经济制裁这一方式得以实现时，制裁的决策才被认为是一个正确的选择，所以合理的成功性也意味着决策者在制定政策目标时不能好高骛远，不切实际。

如果说“开战正义”属于战前的道德正当性，“交战正义”属于战时的道德正当性，那么，经济制裁也面临这两个阶段的正当性检验，即：“正义制裁”和“制裁中的正义”。上文中已经将“开战正义”所涉及的六个原则与经济制裁进行了类比分析，下文将讨论“交战正义”所蕴含的核心原则在经济制裁领域的适用性问题。

正义战争理论在“交战正义”这一层面最为重要的两个原则是“适度原则”（Proportionality）和“区别原则”（Discrimination）。对于“适度原则”而言，它要求在采取军事行动时要反对滥用暴力，避免对目标国造成过度伤害。这就意味着在战争过程中存在着一定的禁忌（例如核禁忌的真实存在），战争如果只是在于追求胜利而无须任何顾虑时，那么投入压倒性的战斗力，甚至采取毁灭性的核打击无疑将加快军事目标的实现，但这样的行为严重违背了“交战正义”的“适度原则”。反观经济制裁同样如此，尤其是在针对小国的多边经济制裁过程中，如果一味地对目标国加大制裁的损害力度或者长期对一个国家实施经济封锁，就很有可能导致目标国出现严重的人道主义危机。在经济制裁史中，联合国对伊拉克和海地等国的全面经济制裁行为就是在一定程度上违背了“适度原则”。

而对于“区别原则”而言，它要求对“战斗力量”和“非战斗力量”进行合理区分，即军事行动应袭击的目标需要区分军人与平民以及军事设施与民用设施。从道德层面上讲，不应以任何理由蓄意对目标国的非战争力量进行直接伤害，同时应采取必要的措施来减少间接伤害。以此逻辑对照于经济制裁，“区分原则”就应要求制裁方将“肇事者”或统治精英与普通民众区分开来，使经济制裁在有效惩罚“违法者”或责任人的同时，避免伤及无辜。[①] 以往的全面制裁政策就是违反了这一原则而遭到学界和国际社会的指责，“聪明制裁”之所以被认为是在道德上高于全面制裁的关键原因就在于合理区分了制裁对象。从以往针对所有目标国民众的全面制裁转变为对政策有影响力的执政当局和其拥护者的针对性制裁，正符合“谁之过由谁受罚”的逻辑。

综上所述，正义战争理论所涉及的原则和框架有助于我们更全面地理解战争法和战争伦理，而将其对照到经济制裁领域，则对于我们从国际伦理道德层面来认识经济制裁行为有着重要的借鉴意义。在正义战争理论影响下所形成的战争法或称之为国际人道主义法可以有效地对战争行为进行限制和约束，进而减少战争的残酷性，缓解战争中出现的人道主义危机。

虽然国际社会尚未确立经济制裁的国际法条约，但无论作为对外政策工具还是充当国际干涉的重要手段，其均会受到国际道德规范对其的约束

① 石斌：《有效制裁与“正义制裁”——论国际经济制裁的政治动因与伦理维度》，《世界经济与政治》2010 年第 08 期，第 43 页。

作用。它将在善与恶、公平与不公平、正义与非正义、权利与义务等道德准则上衡量一国或多国的经济制裁行为。国际道德规范是一种心灵契约，其约束力比国际法差，但国际社会在经济制裁领域所不断形成的共识以及在战争领域所类比和借鉴的一些原则都会在一定程度上起到对国家制裁行为的限制作用。

第四章

经济制裁有效与人道权衡的理论解释

第一节 经济制裁中人道主义议题的由来

冷战时期，经济制裁被广泛地运用于国家间的冲突互动中，尤其是在解决国家间重大的矛盾与冲突时，经济制裁成为避免采取军事措施并有效补偿外交手段乏力的折中选择。之所以如此，或许是源自人们对第二次世界大战所带来惨痛教训的深刻反思，战争的残酷使得人们更加希望借助一种和平、有效的方式来对破坏规则的国家进行警告和惩罚，而不是一味使用武力。因此，整个冷战时期，在很多学者和政策决策者看来，经济制裁无疑是替代战争手段的最好选择。

国际社会在这一时期对于经济制裁的评价通常是积极和肯定的。因为相比以往通过武力的方式来解决国家间的矛盾与冲突，运用经济制裁手段本身就是一种人道主义进步性的体现。经济制裁可以为当事方提供更多协调与谈判的空间，从而可以避免因采取武力手段而造成重大伤亡后果。经济制裁增加了政策制定者手中更多非军事手段的可选选项，提高了诉诸武力的门槛。因此，无论其是否有效地实现了政策的目标，它所造成的伤害也都要小于军事手段。①

从制裁实践来看，冷战时期的经济制裁逐步从战争的附属品走向了战争的替代品。这一期间制裁行动并没有对目标国的无辜民众造成灾难性后果。究其原因可概括为以下两点：一是整个冷战期间的经济制裁并没有给受制裁国造成致命的经济打击，与“二战”带来的损失相比，这些损失似乎更容易被承受和消化；二是因为如果美国或西方集团对一个国家实施较为严厉的经济制裁时，被制裁国常常会从“东方集团”获得一定的援助补偿。所以，无论从心理上还是从实际损失上，冷战时期经济制裁所造成的

---

① Drew Christiansen S. J. and Gerard F. Powers, “Economic Sanctions and the Just-War Doctrine”, in Economic Sanctions, edited by David Cortright and George A. Lopez, Westview Press, Boullder, Colorado, 1995, pp. 97-117.

负面影响并没有被凸显出来。

然而，冷战后发生的几次严厉的经济制裁行动对目标国所造成的巨大灾难使得国际社会开始重视经济制裁所带来的人道主义伤害。两极格局的瓦解使得联合国开始在经济制裁行动中发挥重要的作用，在冷战后的短短几年内，联合国就对伊拉克、海地、南斯拉夫等国实施了全面的经济制裁行动，严厉的制裁措施最终直接引发了上述国家极为惨重的人道主义灾难。联合国对伊拉克的经济制裁使得大量的无辜民众无时无刻处于灾难的边缘。①

制裁严重阻碍了伊拉克在海湾战争结束后的重建步伐，电力、饮用水净化、污水处理、通讯、交通等基础设施重建和修复的速度被严重放缓，主要依靠进口的食品和药品由于外汇紧张而大幅缩减，经济崩溃、物价飞涨、疾病高发、药物短缺等因素使得伊拉克整个社会承受着巨大的创伤，粮食短缺、儿童营养不良现象极为突出。据统计，伊拉克当时的社会发展水平已经沦为贫穷等级国家，仅儿童体重达标率这一项已经与非洲的加纳和马里处于同一水平。② 从 1990 年开始，联合国对伊拉克持续 14 年之久的经济制裁行动共造成了 173.2 万伊拉克人因缺医少药和营养不良而死亡，其中近百万为儿童。换言之，联合国制裁伊拉克所造成的民众死亡人数要远比历史上任何一次所谓大规模杀伤性武器的致死人数都多。

经济制裁引发人道主义灾难绝非个例，在联合国对海地的全面经济制裁中同样存在这一情况。旨在推翻拉乌尔·塞德拉斯军人政权进而恢复海地民主政权，联合国安理会于 1993 年 6 月通过了第 841 号决议对海地实施了全面的禁运措施。虽然安理会的制裁委员会也同时授权要基于人道主义的考虑允许海地进口部分石油，但经济制裁所造成的严重后果远不是这一点弥补措施所能够缓解的。据世界儿童基金会所公布的调查数据显示，经济制裁造成海地全国 5 岁以下儿童营养不良率从 27%上升到 50%，在农村

---

① Report to the Secretary-General dated 15 July 1991 on Humanitarian Needs in Iraq prepared by a mission led by the Executive Delegate of the Secretary-General for humanitarian assistance in Iraq, S/22799, 17 July 1991, http://www.cam.ac.uk/societies/casi/info/undocs/s22799.html.

② Barbara Crossette, Iraq Sanctions Kill Children, U.N. Reports. http://www.nytimes.com/1995/12/01/world/iraq-sanctions-kill-children-un-reports.html.

地区的儿童死亡率竟高达 64%。制裁使得海地人民的生活水平急剧下降，饥饿和疾病无时无刻地威胁着无辜民众的健康和生命。①

面对伊拉克、海地等国因制裁导致的残酷现实，国际社会开始更加关注制裁的不良后果，质疑声和谴责声不断。世界卫生组织、粮农组织、儿童基金会等联合国机构以及国际红十字会等独立组织开始发声，呼吁国际社会应该重视经济制裁对人道主义带来的伤害。机构间常设委员会（IASC）在 1994 年针对经济制裁影响的专题研究中也指出，基于《联合国宪章》第四十一条内容中就特定目标和方式的选择上，应该尽可能给予被制裁国人道主义的关切，制裁不能使得目标国民众无法得到最低生活水平的保障，也不应该让目标国的弱势群体成为制裁的直接受害者，联合国安理会应反思经济制裁所引发的人道主义危机。

诚然，当经济制裁遭遇人道主义层面的质疑时，学者们便开始集中讨论这一政策工具的实用性和适用性问题。伊拉克、海地等国所承受的制裁之苦使得国际社会开始客观评估经济制裁的负面影响，对经济制裁手段运用的质疑声也不断高涨。由诸多制裁领域专家、政界人士以及多家知名研究机构共同参与的一份研究报告中指出，在经济制裁的问题上国际社会需要有一个更为清醒的认知，应该更加慎重、更为准确地运用这一工具。不应该一边警告制裁的危害性，一边还在毫无顾忌地滥用这一手段。②

曾在红十字会工作多年并参与过伊朗、南斯拉夫、索马里等国人道主义危机评估的彼得·沃克博士更将经济制裁比喻成是一种“钝器”（A Blunt Weapon），在他看来，国际社会应该重新考虑经济制裁的实用性问题。③ 美国学者韦斯（Thomas G. Weis）和科特莱特（David Cortright）更直言称，大多数人会将经济制裁看成是一种比军事手段更为人道的方式，因为制裁的“强制性”和“破坏力”都要小于军事手段，所以在制定政策时可以无须顾虑太多。然而实际情况往往是社会中最脆弱的群体在经济制

① Howard w. French，Study Says Haiti Sanctions Kill Up to 1000 Children a Month，The New York Times，November 9，1993.

② Report to the Secretary-General dated 15 July 1991 on Humanitarian Needs in Iraq prepared by a mis-sion led by the Executive Delegate of the Secretary-General for humanitarian assistance in Iraq，http：//www. cam. ac. uk/societies/casi/info/undocs/s22799. html.

③ Peter Walker，Sanctions：A Blunt Weapon，Financial Times，May 18，1995.

裁过程中承受的代价最大，所以制裁必然会给目标国无辜的平民带来巨大的伤害。①

毫无疑问，从辅助战争的手段转为战争的替代工具，经济制裁在实践过程中也会给目标国带来严重的人道主义危机。经济制裁的屡屡“不良”记录使得国际社会对制裁的人道主义议题给予了更多的关注。也正因如此，自20世纪90年代开始，经济制裁的人道主义考虑被更加重视，这一趋势的直接体现就是制裁政策的调整以及制裁过程中所采取的一系列人道主义措施。

第二节　经济制裁的人道主义措施

一、制裁对象的转变与制裁方式的调整

基于对联合国多起经济制裁后果的评估，人们开始将关注的焦点集中在对经济制裁方式的调整上。既然经济制裁会带来严重的人道主义危机，那么就应该对现行的制裁政策和制裁思路进行必要的改进和修正。面对以往全面经济制裁的“笨拙”，基于人道主义的考虑，学者们认为经济制裁政策应该更加具有针对性和选择性，制裁对象应从过去针对普通民众转变为主要针对目标国的领导人、政权集体和政治精英，制裁的形式从以往断绝一切经济往来或全面的贸易禁运转变为资产冻结、武器禁运、旅行禁令等。以上制裁形式的转变也被学界冠以“聪明制裁”（Smart Sanctions）之称，因为相对于“全面制裁”而言，制裁形式的根本性转变显然在学者们看来更为“聪明”和“灵活”。

20世纪末和21世纪初，国际社会围绕“聪明制裁”的议题曾进行过三次关键性的讨论，其所形成的研究成果及核心共识对后来的经济制裁走向起到了重要的引导作用。三次专题会议是由这一领域著名学者、智库和

---

① Thomas George Weiss，Political Gain and Civilian Pain：Humanitarian Impacts of Economic Sanctions，Rowman & Littlefield Publishers，December 11，1997.

政治家们共同参与，与会人士围绕联合国“全面制裁”这一议题进行了深刻的反思和分析，为此学界也将这三次专题研讨会称为“三次进程”。

第一次进程被称为“因特拉肯进程”（Interlaken Process）①。它是由瑞士政府于1998年和1999年分别举行的一系列关于针对性金融制裁的讨论会议而形成。会议集中讨论和阐述了金融制裁涉及的具体内容，并明确了相关的实施细则和范围，提出了一些技术、法律层面的操作性建议。这一进程的重要意义在于显著促进了国际社会对金融制裁的广泛共识。

第二次进程被称之为“波恩—柏林进程”（Bonn-Berlin Process）②。它是由德国外交部、联合国秘书处以及波恩国际转换中心（Bonn International Center for Conversion）分别于1999年和2000年共同举办的联合讨论会议基础上形成的。学界、政府及非政府组织成员在与会讨论期间共同就联合国制裁层面所涉及的旅行禁令、航空管制、武器禁运等内容进行了评估分析。这次进程最大的进步意义在于，在各方的共同倡议下，联合国最终建立了四个工作组以优化其各个类型制裁的技术性问题。

第三次进程被称为“斯德哥尔摩进程”（Stockholm Process）③。它是由瑞典外交部、联合国秘书处以及乌普萨拉大学和平与冲突研究所（Department of Peace and Conflict Research）于2002年共同组织的一系列讨论会议而形成。如果说前两次进程是集中于制裁模型的构建，那么，“斯德哥尔摩进程”则主要讨论如何将“聪明制裁”更好地付诸实践并有效地加以监督。

正是基于以上三次进程所达成的共识，使得“聪明制裁”的形式开始替代以往的“全面制裁”而被更多地付诸制裁实践中。其中武器禁运、旅行禁令和资产冻结这三项措施成为经济制裁实践中最为常见的策略选择。

1. 武器禁运

武器禁运主要是指围绕军事装备及“两用物品”的禁运制裁。其主要

---

① Summary of the Interlaken Process, http://www.watsoninstitute.org/tfs/CD/ISD_Summary_of_Interlaken_Process.pdf.

② Summary of the Bonn-Berlin Process, http://www.watsoninstitue.org/tfs/CD/ISD_Summary_of_Bonn_Berlin_Process.pdf.

③ Summary of the Stockholm Process Process, http://www.watsoninstitute.org/tfs/CD/ISD_Summary_of_Stockholm_Process.pdf.

目的在于切断目标国继续获取武器或军备的渠道，通过减少目标国武器的获取途径来降低武装暴力冲突的可能性，或限制目标国提升其军事潜力。由于武器禁运并不涉及普通民众的日常生活，所以这一制裁形式也被认为是一种和平且人道的制裁选择。

武器禁运的制裁形式对于限制地区性军事冲突的升级常常会发挥十分重要的作用。例如，针对利比亚国内紧张而混乱局势，安理会于 2011 年 2 月通过了第 1970 号决议，对卡扎菲政府实施经济制裁行动，其中在制裁决议中明确规定了有关武器禁运的相关条款，决议明确要求所有会员国不得以任何方式向利比亚提供军火或相关军用物资，这其中就包括武器和弹药、军用车辆和装备。此外，诸如与军事活动有关的各类技术援助、培训、财政及其他援助也被明确禁止。①

武器禁运的制裁形式对于防止常规武器及核武器的扩散也发挥着重要的作用。联合国在制裁伊朗的第 1737 号决议中就曾明确呼吁，希望各国不得向伊朗提供、销售或转让有助于其进行铀浓缩的相关活动，不向其转让核运载所需的设备和技术。联合国在对朝鲜的第 1718 号决议中也直接要求各成员国禁止向朝鲜提供《联合国常规武器登记册》中所列出的武器清单，不向朝鲜提供有助于其在核技术、弹道导弹或其他大规模杀伤性武器方面的各类材料、设备和技术。在查阅联合国对伊朗和朝鲜的多轮制裁决议后不难发现，其中涉及武器禁运的部分均被一再强调。虽然国际社会就针对性制裁的效果存在不同的看法，但可以肯定的是，在联合国安理会围绕经济制裁政策的设计层面，武器禁运的制裁形式无疑是应对武器扩散的重要途径。

2. *旅游禁令*

旅行禁令主要是限制被制裁国所有的空中出行以及限制其个人或团队的出入境旅行，旅行禁令能够充分影响实权人物的活动范围，当然这一禁令并不针目标国的普通大众。旅行禁令针对指定个人进行旅行限制以及签证限制将意味着制裁国拒绝承认这些政治领袖、军方官员以及支持者的合

---

① 参见联合国安理会第 1970（2011）号决议文，http：//www. un. org/zh/documents/view_doc. asp？symbol = S/RES/1970（2011）。

法性地位。[①] 尤其是对于政治人物而言，国际社会的承认是其合法性地位的重要指标之一，通过切断这些人物的出访机会或限制其进行必要的国际性活动，势必会在一定程度上影响其政治声望，削弱其寻求国际支援的能力。

旅行禁令是经济制裁中较为容易且灵活的制裁形式。相比较其他制裁方式，旅游禁令更容易执行，其操作成本相对较低。例如，不给制裁名单上的人物签发入境或过境签证，禁止个人或实体的飞机在制裁国的领空飞行，停止向受制裁方的航空公司提供必要的飞行信息或拒绝履行保养、维修等服务。这些制裁措施在具体实施层面很容易达到预期效果，并不存在过多难以操作和控制的环节。旅行禁令的灵活性体现在制裁国可以根据具体情况直接公布旅游禁令名单上的个人和实体，有针对性地进行限制和惩罚。例如，美国在委内瑞拉官员参与镇压民众抗议上持不满态度，其随即发布了针对多名委内瑞拉政府高级别官员的旅行禁令，其中包括多位部长及司法官员，美国称这一制裁措施只针对个人，而不是针对整个委内瑞拉政府。

旅行禁令更多的是在传递制裁方的不满态度，实际的制裁效果并不十分理想。换言之，旅行禁令通常是象征性的措施，这是因为受制裁方相对容易通过各种途径来加以逃避，例如通过护照造假或伪造签证，借道飞越第三方领空的方式就能规避制裁。因此在具体的制裁案例中，试图通过旅行禁令想要达到超出传递不满信号的制裁目标，其成功的案例其实很难找到。

3. 资产冻结

资产冻结是一种比较直接的金融手段，资产冻结顾名思义就是通过冻结目标制裁国个人、企业以及政府的海外资产来达到实施经济制裁的目的。例如，冻结受制裁国在制裁发起国司法管辖范围内的部分或全部资产，停止其现金提取服务，关闭其银行账号，限制其将金融资产进行出售、转移或抵押等。

---

① Gary Clyde Hufbauer, Jeffrey J. Schott, Kimberly Ann Elliott, Barbara Oegg, Economic Sanctions Reconsidered: Third Edition, Peterson Institute, 2007, p. 140.

资产冻结被认为是在金融制裁里最为实用的制裁方式。相比全面中断双边贸易往来，资产冻结的方式更多针对的是目标国国内的政治人物及精英阶层，而非该国的普通民众。因为实施资产冻结的前提条件是被制裁对象在制裁发起国拥有海外金融资产。资产冻结被广泛地运用于打击毒品走私、恐怖主义、独裁统治以及防核扩散等目的。

在联合国、欧盟、美国的经济制裁案例中，基于以上目的而采用资产冻结的方式极为普遍。例如联合国制裁朝鲜的1718（2006）号决议、2094（2013）号决议，制裁伊朗的1737（2006）号决议，制裁基地组织的1989（2011）号决议，以及制裁利比亚的1970（2011）号决议中均将资产冻结作为经济制裁的重要内容。欧盟在冷战后首次对俄罗斯进行经济制裁时也同样采取了这一方式，包括俄罗斯安全部高级官员、俄安全局局长、对外情报局局长、俄联邦会议秘书等多人在欧盟的资产均被冻结。美国自9·11以来，包括资产冻结在内的金融制裁成为其打击恐怖主义的重要措施。封锁涉嫌恐怖活动的在美资金账号，冻结与恐怖主义有经济联系的个人与企业资产被认为是有效切断支持恐怖主义活动财路的重要举措。在打击塔利班、基地组织以及最近的伊斯兰国恐怖分子问题上，美国将资产冻结的对象列入其“黑名单”中，凡是上榜的个人和实体，其在美国司法管辖范围的资产都将被冻结，这就使得这些个人和实体无法再与美国企业和个人产生任何金融往来。

总之，经济制裁方式的转变使得这一政策工具显得更加灵活，选择性地对一些领域进行较为灵活的制裁行动相比断绝一切商品和贸易往来的全面经济制裁而言，其所造成的负面影响要更为可控。这也是为什么学者和政策制定者们普遍认同采取“聪明制裁”的方式，因为这一方式在客观上有利于降低经济制裁可能带来的人道主义负面影响。

二、制裁政策上的人道主义例外措施

人道主义例外（Humanitarian Exemptions），又被称为人道主义豁免。经济制裁的人道主义例外措施是指在经济制裁的过程中允许满足人道主义需要的贸易活动和金融活动在被制裁国与其他国家之间开展。[①] 它是介于通过制裁手段实现既定的政治目标与保护目标国民众公民权利使其避免遭受制裁负面影响二者间的关键一环。[②] 经济制裁的人道主义例外措施已经在制裁实践中越来越普遍。例如，在实际的制裁过程中开放人道主义救援通道，将食品、农产品、医药品、医疗及教育设备等排除在制裁内容之外，允许目标制裁国与外界就上述领域进行正常的贸易来往和外汇结算。

联合国最早将人道主义例外措施纳入其经济制裁制度中。“石油换食品计划”（Oil for Food Program）无疑是联合国最为典型的人道主义例外措施。联合国对伊拉克的全面经济制裁造成了后者极为严重的人道主义灾难，为了缓解制裁的负面影响，安理会决议对伊拉克实施“石油换食品计划”，以此来向伊拉克人民提供人道主义必需品等物资。从 1997 年 3 月 20 日到 2003 年 11 月 21 日，联合国通过“石油换食品计划”一共向伊拉克提供了大约价值 310 亿美元的人道主义救援物资和相关设备。[③] 虽然这一援助比起制裁所带来的伤害可谓杯水车薪，但作为一种应急补救措施，“石油换食品计划”在当时来说得到了各方的认可和赞赏。

如今的人道主义例外措施已经成为联合国经济制裁制度中不可或缺的组成部分。为了回应国际社会和人道主义组织对制裁可能伤害到目标国弱势群体的关切，联合国制裁委员会在制定、实施制裁政策时会给予目标国相应的人道主义考虑，其中包括制定针对特定行为的措施以及在安理会决议中体现人道主义例外的规定。目前联合国仍在进行的经济制裁行动为 16 个，而每个经济制裁行动在机制的设计上均含有豁免措施，而人道主义豁免是其重要的组成部分。例如，在安理会关于利比亚的第 1970（2011）号决议中，在资产冻结一项标明了人道主义豁免的内容，豁免措施包括解冻

① 简基松：《联合国经济制裁的“人道主义例外”法律机制初探》，《法学评论》2004 年第 3 期，第 70 页。

② Larry Minear et al., Toward More Humane and Effective Sanctions Management: Enhancing the Capacity of the United Nations System, Executive Summary. Study prepared at the request of the United Nations Department of Humanitarian Affairs on behalf of the Inter-Agency Standing Committee, 6 October 1997.

③ 数据参见联合国伊拉克“石油换食品计划”办公室官网信息，http://www.un.org/Depts/oip/。

资金、其他金融资产或经济资源，但豁免的资金只能用于支付人道主义需要；纯粹民用的燃料、电力或供水；恢复利比亚的碳氢化合物生产和销售；建立、营运或加强文职政府机构或民用公共基础设施；帮助恢复银行部门业务，包括支持或帮助与利比亚开展国际贸易等五项具体目的上。①

人道主义例外措施在单边经济制裁中也有体现。美国是单边制裁发起最多的国家，其经常通过经济制裁手段将自己的意愿强加于许多国家。美国的经济制裁能力源自其强大的经济实力和全球影响力，美国可动用的经济资源要远超过任何一个国家。然而在近些年，美国在其制裁政策中也将人道主义例外措施纳入其中。例如，在对伊朗的经济制裁中，美国政府财政部海外资产控制办公室于 2013 年 7 月 25 日出台了新的政策，允许对伊朗运输和出售一定的食品、农产品、药品和医疗设备。此外，个人汇款以及某些通信设备和救灾物资的运输也不再被列入经济制裁的范围内。显然，美国对伊朗经济制裁政策的调整同样也是基于对人道主义危机的考虑。

三、制裁过程中的人道主义援助

人道主义援助一词在国际关系中并不陌生，它是指国家、国际组织、非政府机构或个人基于人道主义理念向遭受自然或人为灾难的国家和地区提供必要的生活物资支援和人力支持。基于以上概念的阐述，那么制裁过程中的人道主义援助则主要是指向受制裁方提供必要的物资或物流上的支援，其目的在于拯救生命，确保被制裁国公民基本的生存条件，尤其是在水、食物、医疗、药品、住房等方面给予必要的关注和支持，以减轻因经济制裁对无辜民众生命安全所造成的直接伤害。

第一，经济制裁中的人道主义援助不是必须的。其原因之一在于经济制裁未必一定会带来人道主义危机，当一起经济制裁行为并不会给受制裁方民众造成巨大的灾难时，抑或受制裁方有能力抵挡和消化制裁所带来的负面影响时，对被制裁方的人道主义援助自然就失去了存在的合理性。其

---

① 参见联合国安理会第 1970（2011）号决议内容，http：//www. un. org/zh/documents/view_doc. asp? symbol=S/RES/1970（2011）。

原因之二在于经济制裁中的人道主义援助是自愿行为，经济制裁与人道主义援助之间并没有必然的联系。在现有国际条约或国际法中并没有规定一个国家或国际组织在实施经济制裁过程中必须要同步提供人道主义援助，因此，制裁发起方的人道主义援助如同第三方的援助一样均属于自愿选择的行为。

第二，经济制裁中的人道主义援助通常是一种补救性措施。当经济制裁政策在执行过程中造成了严重的人道主义危机时，此时的人道主义援助通常为紧急情况下的因应措施。例如，在联合国对索马里的经济制裁案例中，安理会于 2011 年 3 月通过决议将对索马里的人道主义援助以及免受武器禁运等制裁限制的期限再度延长 16 个月，这是对前一年安理会 1916 号决议在人道主义援助问题上的延长措施。面对索马里 100 多万流离失所者，300 多万急需人道主义救助的民众，对索马里的延长援助期可被视为一种避免造成更大伤害的补救措施。

第三，经济制裁中的人道主义援助也常被当作“筹码”用于向目标制裁方施压或换取其在某些议题上的让步。制裁方在制裁过程中向受制裁方提供人道主义救助通常被理解为是基于对人权的尊重。然而，在一些经济制裁案例中也有制裁方通过宣称或实际暂停对受制裁国提供人道主义援助来向其施压，进而迫使目标国政权做出让步选择。例如，在“天安号”事件发生后，韩国政府开始对朝鲜实施经济制裁，除针对朝鲜婴幼儿、孕产妇等弱势群体以外的其他所有援助项目都被中止，韩国政府官员认为在对朝鲜的粮食援助问题上，韩国的基本立场是根据朝鲜的人道主义状况考虑提供援助的必要性，但同时也要考虑韩朝关系以及相关政策。[①] 显然这一表述明显是在向朝鲜政府施压。类似的情况也发生在美国对朝鲜的经济制裁过程中，由于朝鲜在 2012 年 4 月执意试射了卫星，美国政府随即决定通过暂停对朝鲜的食品援助来向其施压，阻止朝鲜当局进一步的冒险行为。虽然美国国务院在对朝人道主义援助问题上一直声明这一措施和任何政治或者安全问题无关，援助是出于对朝鲜人民的状况感到担忧的结果，但其

① 《韩国统一部说对朝粮食援助应考虑必要性和韩朝关系》，新华网，http://news.xinhuanet.com/world/2011-05/18/c_121431272.htm。

暂停援助的时间节点无疑与特定的事件存在直接的关联。

第四，经济制裁中的人道主义援助提供方可以是制裁的实施方，也可以是非制裁方国家和国际组织。制裁实施方向被制裁国提供人道主义援助最为普遍的情况就是在联合国发起的经济制裁行动中。例如，2000 年以来，朝鲜不顾各方反对进行了三次核试验并执意发射卫星，推进其弹道导弹计划，迫使联合国安理会陆续通过了 1718 号、1874 号、2087 号以及 2094 号决议来对朝鲜实施经济制裁。然而，联合国既是经济制裁发起方，同时也是对朝鲜的人道主义援助方。联合国相关驻朝机构每年向朝鲜当地的妇女和儿童等弱势群体提供大量的食品、教育以及医疗等人道主义援助以促其渡过难关。非制裁方国家和国际组织的人道主义援助案例最为常见的情况出现在单边经济制裁中。例如，在美国对朝鲜实施单边经济制裁时，包括中国在内的一些国家以及诸如世界粮食计划署等国际组织均会向朝鲜提供人道主义援助。

第三节　人道主义考虑的作用和价值

一、降低制裁的负面伤害

制裁实践证明缺乏人道主义考虑的经济制裁常常会让目标国的无辜民众承受巨大的痛苦。经济制裁的基本逻辑就是要通过制裁伤害来迫使目标国政权做出让步，因此双方实力差距越大，贸易联系越紧密，目标国对制裁国的经济依赖程度越高，那么制裁所带来的损害就会越大，理论上目标国政权让步的可能性也会越高。但在实际制裁过程中，一旦当权者顽强抵抗不肯让步时，那么承受制裁伤害最大的对象往往不是掌握权力的阶层，而是那些最为脆弱的社会底层人民，其中老人、妇女和儿童尤为明显。统治者和精英阶层利用其手中的政治资源和经济资源有能力去承担或转移制裁的负面伤害，而无辜的民众则可能要面对失业率攀升、物价上涨、粮食短缺、药品匮乏、公共财政下降和社会服务体系停转等一系列关乎生存生计的社会问题。

所以，降低经济制裁的负面影响是人道主义考虑最为直接的目的。无论经济制裁出于何种理由，让无辜民众承受最大的伤害不应该被作为制裁的原始初衷，任何引发人道主义危机的制裁，即便其最终实现了预定的政治目标，也不能被认为是成功且正确的选择。经济制裁应该也必须要尽可能的预防、减少或消除对普通民众的负面影响。当制裁方预期制裁政策可能会对目标国带来严重冲击时，其应该在制裁政策的设计上给予相应的人道主义关切，在制裁过程中采取必要的人道主义措施。

尽量避免或缓解制裁带给目标国无辜民众的苦难既是衡量制裁正义与否的一个参考，也是评估经济制裁效果好坏的一项指标。虽然国际人道主义法属于战争法，在经济制裁的适用问题上存在一定的争论，但对于各国人民平等权利的尊重以及对人权和基本自由的尊重是联合国的基本宗旨之一。因此，经济制裁无论是由单边、多边还是联合国所发起，其都应该将人道主义考虑纳入整个经济制裁过程中。在制裁对象和制裁领域上的针对性选择措施，在制裁政策上采取的人道主义豁免措施，以及在制裁过程中所实施的人道主义援助措施，均可以降低制裁的负面作用。

用“聪明制裁”取代“全面制裁”的做法其本身就是为了降低经济制裁的负面影响。“全面制裁”曾经是国际社会最为常见的制裁方式，它是将整个国家作为经济制裁的对象，通过采取十分严厉的封锁政策以中断一切贸易联系来对目标国形成巨大的经济和政治压力。对于制裁方而言，面对其整体利益时，“不达目的绝不罢休”似乎更是决策者的逻辑。“全面制裁”最为典型的案例莫过于联合国制裁伊拉克。全面禁运给伊拉克的打击是沉痛的，制裁使其整个国家的经济、社会处于崩溃的边缘，大多数伊拉克民众生活在贫困线以下。制裁对伊拉克人民的巨大伤害使得国际社会普遍认为降低制裁的负面影响是经济制裁政策亟待反思的一个重要方向。

因此，“聪明制裁”的提出有效地回应了国际社会的呼吁。可以说，“聪明制裁”与“全面制裁”最大的区别在于其制裁的“针对性”和“选择性”。“针对性”体现在制裁对象不再是整个国家，而是瞄准了应该为“错误”政策承担责任的统治阶层和支持政策的政治精英，“选择性”则体现在从全面的贸易禁运转变为对特定产品、具体经济行为的限制措施。毫无疑问，经济制裁从“全面”走向“聪明”的主要目的就是在于尽可能地减少制裁所导致的对人道主义的伤害。

当然我们也不可否认，从制裁实践来看，“聪明制裁”政策并不能完全解决制裁的负面影响。除非经济制裁的目的只是为了发信号以表达对制裁国的不满情绪，否则既要追求制裁有效又要避免负面影响其本身就存在相互矛盾的地方。所以，在实施经济制裁时应该将人道主义例外措施和援助措施纳入政策的考虑中。食品、药品以及医疗设施等应该均被列入到豁免清单中，因为这一类商品的制裁豁免将有助于减少制裁带来的伤害。

此外，一旦制裁给目标国造成了人道主义灾难，制裁国应该向目标国提供必要的人道主义援助。例如，允许联合国粮食计划署、儿童基金会、红十字会等国际机构向目标国提供人道主义救援，开辟相应的人道主义援助通道，要求各方保障这一救援物资通道的安全和畅通，保障相关救援人员的人身安全与出入自由等。作为补救措施，以上一系列举措都将是缓解人道主义危机的有效途径。

二、使制裁合法性得到承认

经济制裁中的人道主义考虑有助于让制裁合法性得到承认，国际关系互动中存在希望得到他国承认的需求。例如，承认国家地位、代表权、发展道路，以及在处理国际争端中的角色正义。承认是合法性的重要来源，缺乏国际社会认可和承认的国家行为，其往往合法性不高。从法理上讲，合法性可以被认为是一种承认，即某一实体的行为在现有的规则、理念、价值标准等所建构的评判体系中是否恰当、正确和被需要。① 法国学者雷蒙·博兰也认为：“凡是建立在价值基础之上并以此得到公共舆论承认的即为合法的”。② 当今国际社会，公共舆论已经较为深入地介入国家对外政策领域，以往不问时事的大众现如今在政治上也表现出更大的积极性，这使得所有的政府都要面对国内和国际的听众，要向他们解释本国对外政策

① Suchman M. C., Managing Legitimacy: Strategic and Institutional Approaches. Academy of Management Journal, 1995, 20 (3), pp. 571-610.

② 吴惕安、俞可平：《当代西方国家理论评析》，西安：陕西人民出版社 1993 年版，第 284 页。

的合法性与合理性。①

当前，经济制裁作为国家或国际组织用于解决争端、应对冲突对抗的一种行为自然也离不开国内和国际社会的承认。“得道者多助，失道者寡助”，赢取国际社会的广泛承认将有利于提升一国国内政治的合法性，有利于国家在国际社会中的行为及由此所体现出的价值本身的合法性。② 从理论上讲，如果制裁发起方能够寻求到国际社会各方的认可和支持，其所实施的经济制裁行动会更有效力，因为国际社会对于制裁行动的认可将有助于减少经济制裁在执行过程中所受到的阻力；与此同时，目标国也相对更难获得来自第三方的援助补偿。例如，在针对被列入国际恐怖组织名单中的个人和组织采取制裁行动时，几乎没有一个国家会在国际场合公然反对这一做法而站向被制裁方一边。因此，维持国际社会对一起经济制裁合法性的承认将有利于制裁有效性的发挥。

对于合法性的承认一般可以分为程序合法性承认和过程合法性承认两种。这一划分的逻辑如同战争正义理论中所涉及的“开战正义”和“交战正义”。对于经济制裁而言，程序合法主要是针对发起经济制裁时的合法性判断，经济制裁的发起方通常都会向外宣称其制裁行动的合法性，但从目前的国际法视角来判断，出于自卫的制裁行动以及依据《联合国宪章》所规定在集体安全防护原则下所实施的制裁行动具有较高合法性。因此，维持制裁的合法性主要是指维持制裁过程合法，无论各方对一起经济制裁行动在发起时的合法性如何认识和判断，一旦在制裁过程中给目标国造成了严重的人道主义危机，这势必会影响国际社会对于这起制裁行动原有合法性的承认。即便以保护人权为目的的经济制裁在过程中给目标国无辜民众造成了严重的人道主义危机，其原有的合法性基础也会遭到一定程度的削弱。

所以，给予一定的人道主义考虑对于让经济制裁的合法性得到承认是至关重要的。维护和保障人权已经是当今国际社会的一项基本道义原则。

---

① 赫德利·布尔著，张小明译：《无政府社会》，北京：世界知识出版社，2003 年版，第 140 页。

② 赵俊：《国际关系中的承认：合法性与观众成本》，《世界经济与政治》2011 年第 4 期，第 79-89 页。

而将人道主义考虑纳入经济制裁中有助于实现对于人权的保护。有关人权保护的立约早在20世纪中叶就已经开始不断进入国际法进程当中，《世界人权宣言》于1948年联大会议通过，而被称为“人权两公约”的《经济、社会和文化权利国际公约》和《公民权利和政治权利国际公约》也先后在1976年的1月和3月生效。人权意识逐渐成为国家道德观念的一项重要内容，同时它也越来越多地为国家行为或国际组织行为提供更多的正当性与合法性。

同样，经济制裁也很难回避保障人权这一议题，当联合国制裁伊拉克引发了严重的人道主义灾难后，联合国经济及社会理事会（ECOSOC）在2000年6月针对经济制裁后果的一份报告中明确指出，对伊拉克实施的制裁机制毫无疑问已经违反了现有的国际人道主义法和人权法。[①] 总之，给予一定的人道主义考虑对于经济制裁的合法性而言不是一个充分条件，但是在现有国际法律规则和伦理道德的评判体系内，人道主义关切无疑是使制裁合法性得到承认的一个必要条件。

① Report of the Economic and Social Council, E/CN. 4/Sub. 2/2000/33, UN Commission of Human Rights, p. 18.

第五章

有效与人道的权衡：基于观众成本的理论分析

第一节 观众成本的理论认识

观众成本理论（Audience Cost）是国际关系理论中理性主义的一个新方向，最初衍生于对国际危机的研究。观众成本主要指领导人在外交政策危机中因最终选择让步或未能兑现之前的承诺而遭到的国内外观众给予的政治惩罚。按照美国学者费伦（James Fearon）的解释，在应对国际危机时领导人常常会向其国内民众做出承诺，向冒犯者发出警告和威胁，一旦其在随后的执行过程中有所让步或退缩，就会受到国内观众的政治惩罚。[①] 可以说，观众成本是将公众舆论、政治心理学、公共选择理论等融入国际关系和外交政策的研究中，因此这一分析视角的引入有助于解释危机中领导人的决策逻辑。这也是为什么自观众成本理论提出以来，它常被研究者们应用在解释联盟的可靠性、冲突的和平解决、贸易协议的遵守、国内社会运动、合法性认同以及各类涉及合作的国际危机议题。

对于传统的观众成本理论而言，其理论逻辑可以概括为以下五点：①领导人在国际冲突与危机中的让步将承受额外的代价；②这一代价或称之为成本会随着危机的升级而增加；③当这一成本足够大时，其结果会使得战争手段成为迫使对手做出让步的最好选择；④没有其他强迫对手做出让步的机制可供选择；⑤希望对手不要再一意孤行，因为对立的升级可能会导致战争的爆发，正是由于观众成本的存在，领导人的公开强硬表态不再是虚张声势。[②] 可见，观众成本理论有助于我们观察领导人在处理危机时的行动和表现，并且据此来评估领导人的能力，这也是理解危机如何爆

---

① Fearon James D, Domestic Political Audiences and the Escalation of International Disputes, American Political Science Review 88, 1994, pp. 577-592.

② Branislav L. Slantcheva, Audience Costs Theory and its Audiences, Security Studies, Volume 21, Issue 3, 2012, p. 377.

发以及如何展开的关键。①

观众成本可以分为国内和国际两个部分。

国内观众成本（Domestic Audience Costs）顾名思义是由其国内选民和支持者所施加的。随着国家对外政策行为的公开化，领导人的决策更容易受到国内政治观众的关注。民众可以通过多个渠道观察和了解本国领导人在处理与他国矛盾冲突时的一系列表现，并以此来衡量和评估领导人应对危机和处理国际事务的能力。例如，当本国的国家利益遭到侵害时，领导人可根据实际情况来进行反击、妥协或进一步升级冲突。如果领导人选择了让步或没有兑现之前的公开承诺，那么他的国内观众——广大的选民及其支持者们会认为他失信于大众，其结果会招致人民的指责、批评和惩罚。负面的评价会直接影响他的领导权威性，支持率也会相应下降，甚至有可能会被选民们要求立即引咎辞职来为其“言而无信”付出必要的代价。因此，对领导人而言，其必须高度重视来自国内观众成本的压力。

与国内观众成本相对应，国际观众成本（International Audience Costs）是由国际社会的观众所施加，其中来自盟国的压力相对更为重要。国际观众成本的形成逻辑与国内观众成本类似，它是由一国领导人代表其政府做出承诺时形成的，一旦没有兑现，决策者的失信不仅会影响到自己的声誉，同时也会影响整个国家的国际声誉和国家形象，这就是所谓的国际观众成本。按照托马斯·谢林的观点，一个国家的声誉是值得这个国家为此而战的动力之一，可以说，国际声誉是国际政治领域中另一种形式的国家权力。

因此，理性的决策者同样不可以忽视国际观众成本的压力作用，一旦领导人没有履行承诺，其国际声誉也会相应受到冲击。例如，印度前总理尼赫鲁因提倡“不结盟”思想以及与周恩来总理共同提倡的“和平共处五项原则”而赢得了较高的国际声誉。然而在中印边境冲突不断升级时，其一再声称印度已成为军事强国且已做好战争准备，随时可将中国的军事力量从“印度领土”之上消灭掉，但在中印边境自卫反击战结束后，印度的失败使得尼赫鲁不仅在国内遭到强烈的质疑和反对，其在国际上的声望也

① 林民旺：《国内观众成本理论与国际合作》，《教学与研究》2009年第2期，第82页。

受到重挫。[1] 在古巴导弹危机事件中，肯尼迪面对苏联在古巴修建远程弹道导弹永久基地以及部署导弹核武器时，如果不进行猛烈回击，那么其政府形象将严重受损，即作为遏制苏联扩张的关键旗帜，美国政府如不做强硬回应，其势必会激起本国民众以及美国盟国对肯尼迪政府在应对国际危机能力上的不信任感，所以正是因为国内、国际观众成本的存在，而使得肯尼迪最终以不惜一战的决心来应对苏联的冒进行动。

学界针对观众成本的研究存在着一个理论假设，即拥有不同政治制度的国家在观众成本的形成上存在着明显差异，一般情况下，民主国家比非民主国家更容易产生观众成本。之所以如此，其主要原因在于民主国家能更好地传递其对外政策的意图，同时其观众手中所握有的投票权也更能够对政治领导人产生更为直接的压力。在民主政治中存在委托与代理的关系，民主国家的代理人就是其领导人，而委托人就是具有投票权的公民。当委托人认为代理人已经无法有效维护国家利益时，其可以通过选举或公共舆论来惩罚代理人。也正因如此，使得民主国家中的领导人在国际危机中所做出的让步妥协会承受观众成本的惩罚。[2]

一国对外政策行为会受到观众成本的影响，那么国际或地区组织在危机中的应对措施同样也会受到观众成本的影响。例如，联合国在国际危机处理过程中的有关表态和具体应对措施会面对国际观众的审视，此时的国际观众成本会通过国际舆论加以反映，因为国际舆论是各个国家对国际事务看法的集合，虽然其常常会受到一些国家的主导和干预，但是它基本上还是基于国际法、国际伦理、道德价值层面而形成的评价和反映。

1990 年伊拉克入侵科威特后，联合国安理会通过多项决议要求伊拉克必须从科威特撤军，联合国的决议得到了国际社会的普遍支持，国际媒体也纷纷谴责伊拉克公然践踏国际法的行为。可以说，在伊拉克问题上的国际舆论已经转化为国际观众成本，而且这一成本会随着联合国安理会不断

---

① Anton Harder, Not at the Cost of China: New Evidence Regarding US Proposals to Nehru for Joining the United Nations Security Council, https: //www. wilsoncenter. org/publication/not-the-cost-china-india-and-the-united-nations-security-council-1950.

② Fearon James D, Domestic Political Audiences and the Escalation of International Disputes, American Political Science Review 88, 1994, pp. 577-592.

加大制裁力度和警告威胁而相应提升，当安理会的制裁决议规定了撤军的最后期限并警告如伊拉克一意孤行不予撤军时，安理会将授权联合国成员国运用“一切必要手段”来迫使伊拉克撤军。[①] 此时的国际观众成本已经达到了峰值，这就意味着如果在撤军通牒到期后，安理会未采取所谓的“一切必要手段”时，那么其将会承担国际观众成本的惩罚，联合国致力于维护世界和平与安全的声誉将面临巨大的危机。

随着经济全球化和信息化进程的不断加快，媒体对外交政策、国际事务介入程度使得观众成本更容易形成，也更容易发挥作用。大众传媒的快速发展不仅改变了人们对国际事务的认知程度，同时也改变了公众参与国际事务的方式。媒介技术的发展使得公众获取新闻事件相关信息的速度越来越快，信息的放大效应也越加明显。例如，在海湾战争中，美国媒体CNN 首次以第一时间的现场报道向整个世界实时传回了联合国军队在伊拉克的作战画面，这使得国际观众能够快速地获知战争的最新状况，进而促进国际舆论能够快速地对事态的最新发展施加影响。

进入 21 世纪，网络信息技术革新速度的不断加快使得国际舆论对于国际事务的影响和干预作用愈加明显，也使得国际观众成本能够快速对国际事务施加干预作用，领导人的软弱让步或不兑现政治承诺将会面临更大的舆论压力，承受更大的观众成本之惩罚。

第二节　经济制裁的观众成本

作为危机解决的一种政策手段，经济制裁同样也会形成观众成本。在通常的认识中，经济制裁的观众成本可以体现在两个阶段中：一是在制裁的威胁阶段；二是在制裁的执行阶段。但是无论在哪个阶段，观众成本都是一种强烈的信号，传递着制裁国的真实意图与动机，将增强制裁国做出

① 参见联合国安理会第 678（1990）号决议文，http：//www. un. org/zh/documents/view_doc. asp? symbol=S/RES/678（1990）。

可信承诺的能力。①

首先，经济制裁威胁阶段所形成的观众成本是源于制裁发起方通过各种渠道向被制裁方表明态度，希望后者能够及时改变政策而避免其遭受制裁的命运，由于这种威胁性、宣示性的信号不仅传递给了被制裁方，同样也被本国民众、国际社会所接收。所以，一旦决策者只是乐于不断升级制裁威胁的辞令而不去最终兑现承诺时，那么他将会承受本国民众的政治惩罚，面临国内选民和反对派的批评和谴责。与此同时，一个国家“言而无信”“外交软弱”和“不诚实”的表现也会受到国际观众的反感和质疑，这将会直接影响到这个国家的国际声誉和国际形象。因此，正是因为有观众成本的存在，理性的决策者们如果一再升级制裁威胁，那么这一行为被外界认为是在加剧提升制裁威胁的可信度。从理论上讲，领导人承担的观众成本越大，其未来在制裁政策上的态度可能就会越强硬。也正是因为观众成本的存在，制裁威胁的可信度可能会让被制裁方在威胁阶段就做出了让步。

其次，在经济制裁的过程中制裁方同样会承受一定程度的观众成本压力。如同制裁威胁阶段的逻辑一样，在制裁的过程中面对目标国不肯让步的情况，制裁方既可以选择继续维持现有政策、接受现状，也可以选择通过不断加大制裁力度来向目标国施加更大的压力。从观众成本的视角来分析，如果此时国内民众对于政府的制裁政策给予更大的关注和支持时，那么国内观众成本会迫使领导人更倾向于选择严厉的制裁政策来向目标国施压；同样，如果国际社会在制裁的立场上更加认同制裁方时，那么国际观众成本也会促使制裁方领导人采取相对强硬的制裁措施。

此外值得指出的是，按照费伦的观点，国内观众成本所带给决策者的压力要比国际观众成本带来的压力大。之所以存在这一判断，一是因为执政者采取软弱的制裁措施会给国内政治反对派提供一个可以大肆谴责政府当局政策失灵、执政无能的机会；二是因为国际观众成本的压力本身也需要相对更长的时间才能得以体现。但无论哪一种观众成本，其都会影响制

① 贺之杲：《乌克兰危机背景下欧盟对俄制裁的分析：基于观众成本的视角》，《德国研究》2015 年第 1 期，第 20 页。

裁双方的博弈过程，进而影响到经济制裁的最终效果。

按照以上对经济制裁观众成本的描述，显然更多的是将对观众成本理解集中运用到了解释追求制裁政策有效性的方向上。这也是学者们常常借助观众成本的理论来解释经济制裁的合作以及制裁方策略选择的原因所在。① 然而，正如本书先前对经济制裁涉及人道主义议题的论述，一味追求制裁有效而屡屡造成人道主义灾难的“不良”记录使得国际社会对经济制裁的人道主义议题给予了更多的关切。因此，在经济制裁中如果一些国家违反了人道主义原则，那么公众良知和道德价值的外部效应常常会转化为国内、国际政治成本并施加于政策的制定者。② 同样，一个国际组织或区域组织如果违反了人道主义原则，其可能也会承受公众指责和国际舆论的压力。

经济制裁中涉及人道主义议题的舆论可能会对国际观众就经济制裁的价值判断产生特定的影响作用。例如，联合国基于对和平之威胁、和平之破坏及侵略行为而对一国实施经济制裁行动，通常国际观众会对联合国的集体制裁行动持积极和肯定的态度，这是因为联合国在解决国际争端和冲突时是以国际正义及国际法原则为基础。基于尊重人权和保障自由，维护人类之福祉和维持国家和平及安全是联合国经济制裁正义性与合法性的重要体现。然而一旦制裁措施给目标国造成了严重的人道主义危机，那么先前的国际观众对联合国集体行动涉及道德价值层面的衡量会受到挑战和冲击。

也就是说，联合国若没有履行其对人权与自由尊重的义务，使目标国无辜民众在制裁中所承受的巨大伤害与国际观众对联合国采取经济制裁措施持有的价值认识二者间出现较大落差的话，这种落差会直接导致国际观众对目标国民众的同情，也会导致其对联合国制裁政策合理性、合法性的

① Lisa L. Martin，Credibility，Costs，and Institutions：Cooperation on Economic Sanctions，World Politics/Volume 45，Issue 03，April 1993，pp. 406-432. Jon Hovi，Robert Huseby and Detlef F. Sprinz，When Do（Imposed）Economic Sanctions Work，World Politics，vol. 57，no. 4，July 2005，pp. 479-499.

② Belz Dan，Is International Humanitarian Law Lapsing into Irrelevance in the War on International Terror?（September 2004）. Available at SSRN：http：//ssrn. com/abstract = 594624 or http：//dx. doi. org/10. 2139/ssrn. 594624.

不满和质疑，这就是经济制裁涉及人道主义层面的观众成本。如果说传统意义上的观众成本是追求功利性目的的，那么上述观众成本则是在维护人们对经济制裁行为的价值性判断。

综上所述，经济制裁的观众成本不仅存在于追求功利性目的的层面上，同时也存在于维护价值性判断的人道主义层面上，尤其是会体现在国际组织的多边经济制裁当中。基于人道主义考虑可以降低制裁带给目标国无辜民众的伤害，避免或缓解人道主义层面的观众成本压力。经济制裁领域虽然并没有严格意义上的国际法约束，不像在战争中国际人道主义法对军事措施存在一定的约束效果，例如在战争中任何无视或践踏国际人道主义法的行动（将化学武器或核武器运用到军事行动当中）都会受到国际舆论的强烈谴责。但随着国际道义在国际政治互动中的规范作用越来越明显时，舆论也开始对经济制裁的人道主义考量给予更多的关注，因此人道主义层面的观众成本也自然会对决策者的政策选择造成一定的压力，这一压力在某种程度上同样会影响经济制裁的过程和结果。

第三节　追求制裁有效博弈中的观众成本

经济制裁通常被认为是制裁双方的博弈，在制裁领域的研究中也常会通过博弈模型来试图解释这一对抗冲突行为。本节在借助已有制裁博弈模型的基础上将人道主义因素涉及的观众成本融入所构建的博弈模型中来论证分析，以便更清晰地解释经济制裁在追求有效与确保人道二者权衡间的内在逻辑。首先，以未出现人道主义危机的博弈模型为基础，分析论证观众成本对制裁国策略选择的影响，然后将出现人道主义危机的情况纳入制裁博弈的过程中加以分析，这样前后的对比将有助于我们更为客观地认识观众成本对于制裁双方博弈的影响效果。

为了使得博弈模型更加清晰化、合理化，研究时需要进行一些理想化的假设。因为单边经济制裁所引发的人道主义危机不是本书所重点研究的内容，所以在制裁博弈模型中我们假设制裁方为国家联盟（以下统称制裁国），目标国为综合国力相对弱小的国家，制裁双方存在一定的贸易联系且制裁国对目标国具备较强的制裁能力。通常双方博弈的前提是目标国有意破坏现有国际义务、条约和协定，在其谋求政治获益的同时侵犯了制裁国的整体利益。因此，在面对目标国的冒进行动时，制裁国通常可以采取三种方式来处理目标国的“违规”行为。一是对目标国不采取实际的制裁行动；二是对目标国采取低强度的制裁行动；三是对目标国采取高强度制裁行动（如图 5.1 所示）。

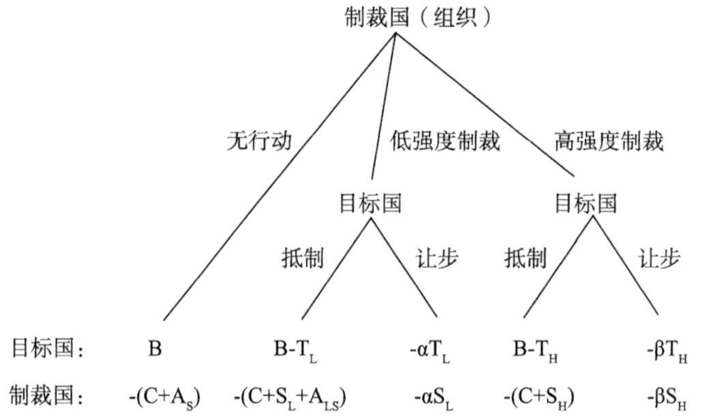

B：代表目标国破坏规则后不让步的收益。

C：代表目标国破坏规则后不让步的情况下制裁国的相应损失。

T：代表目标国（Target），T_L：代表低强度制裁下目标国所承受的损失，T_H：代表高强度制裁下目标国所承受的损失。

S：代表制裁国（Sender），S_L：代表低强度制裁下制裁国的制裁成本，S_H：代表高强度制裁下制裁国的制裁成本。

A_S：代表制裁国不采取行动时所要承受的观众成本（Audience Cost），A_{LS}：代表制裁国采取低强度制裁（目标国没有让步）时承受的观众成本。

α、β：代表影响系数，与双方博弈的时间有关。（$\alpha<0$、$\beta<1$）

制裁国一栏中的“-”代表目标国的收益为正时，制裁国损失以“负数”为起始衡量单位。

图 5.1　追求经济制裁有效性的博弈逻辑 I

第一种情况为制裁国并未采取经济制裁行动而只是希望通过外交途径劝说目标国“回心转意”。当这一努力宣告失败后，制裁国并没有进一步对目标国实施惩罚，而是接受了目标国改变现状的事实，因此双方并未展开制裁博弈。最终双方的收益为：目标国破坏规则所获得的收益为 B，制裁国没有采取制裁措施选择接受现状后的代价为 $C+A_S$。这也就意味着制裁国除了要承受规则破坏所带来的损失 C，还要承受“有罪不罚”所引发的国内观众成本 A_S。

第二种情况为制裁国采取相对宽松的低强度经济制裁措施来对目标国进行惩罚和劝阻。在这种情况下，如果目标国在受到经济制裁后做出了让步，改变了现行政策，那么其最终妥协后的收益为 αT_L，相应的制裁国为成功实现制裁目标所付出的成本为 αS_L；而如果目标国坚决抵制没有做出让步时，其所获得收益则为 $B-T_L$，此时制裁国所要付出的代价为 $C+S_L+A_S$。这就意味着制裁国既要承受规则被破坏所带来的损失 C，还要承受低强度制裁下的制裁成本 S_L，以及制裁政策无力而导致制裁失败时所引发的国内观众成本 A_{LS}。

第三种情况为制裁国采取高强度的经济制裁措施来对目标国进行惩罚和劝阻。面对制裁国极为严厉的经济制裁，此时如果目标国做出了让步，那么其所承担的制裁代价为 βT_H，对应制裁国所付出的制裁成本则为 βS_H。而如果目标国坚决抵制没有做出妥协和让步，那么它最终所要承担的制裁代价为 $B-T_H$，对应制裁国所付出的制裁成本为 $C+S_H$。

经济制裁中博弈的主动方是制裁国，其制裁政策是期望目标国能够率先妥协让步，进而实现制裁政策的目标。作为理性决策者，制裁国毫无疑问会根据制裁的损失与收益来评估其应该采取何种政策更能实现其预期目标。因此，下文将对制裁国在制裁博弈中的策略选择逻辑展开讨论。

如果制裁国不采取任何措施时所承受的代价要大于采取低强度制裁时的代价，这时即便被目标国抵制，制裁国发起经济制裁也是必须的、明智的。即当不采取行动时的国内观众成本大于制裁行动时的制裁成本与制裁失败时的国内观众成本之和时（$C+A_S>C+S_L+A_{LS}$或 $A_{LS}<A_S-S_L$），那么制裁国理性的决策者会通过经济制裁的方式来表达其对目标国破坏规则的不满。例如，伊朗在 2006 年恢复了其核燃料研究活动，这一举动严重破坏了国际核不扩散规则，在各方外交劝阻毫无作用时，此时联合国如果不采取行动对伊朗实施经济制裁，那么其所面临“有罪而不罚”的国际观众成本要远大于制裁失败时所要承受的一系列代价。因此，伊朗无法躲过联合国

安理会对其的制裁行动。

如果制裁国采取低强度制裁时所承受的最大代价要小于采取高强度制裁时所要付出的最小成本时（$C+S_L+A_{LS}<\beta S_H$），制裁国更愿意选择低强度制裁措施来向目标国施压。这一过程中，制裁国除了要承担规则损失 C 和低强度制裁成本 S_L 之外，还要承担因目标国没有让步而引发的制裁国国内的观众成本 A_{LS}。显然在三个因素中，规则损失 C 是制裁国最为直接的衡量因素。如果规则损失 $C>\beta S_H-S_L-A_{LS}$ 时，那么制裁国则更愿意采取高强度制裁措施来向目标国施压；如果在满足上述情况下，规则损失 $C>\beta S_H-A_S$，那么高强度制裁措施不仅是可选方案，而且也是唯一方案。

以核扩散制裁为例，联合国安理会在应对朝鲜核问题上的态度非常明确和坚决，对于朝鲜屡次进行核试验这一严重违反国际法的挑衅行为，采取低强度制裁策略不仅不能迫使朝鲜做出让步，反而还会让联合国安理会承受制裁无效的国际观众成本压力，因此，采取高强度制裁策略才被视为是应对朝核问题的有效回应，它不仅可以清晰地表明安理会的制裁态度，同时还可以向朝鲜当局传递出更为可信的威胁信号。

诚然，当经济制裁不涉及人道主义议题时，以上理想的制裁博弈模型可以较为清晰地解释制裁方的决策逻辑，然而如果将人道主义危机纳入博弈模型中，那么制裁国的决策者不仅要考虑制裁有效的问题，而且也必须要采取相应的人道主义措施来应对目标国的人道主义灾难。经济制裁的负面伤害一定存在，只是程度大小的问题，当制裁国采取高强度制裁策略时，经济制裁负面伤害的程度就会被明显提升。但无论制裁的发起方是谁，制裁发起的理由多么正当，以及采取何种制裁形式，一旦给目标国带来严重的人道主义灾难，作为问题的制造者其势必要承担相应的责任，也势必会承受国际甚至国内舆论的指责和质疑。这是因为冷战后国际道义对国际行为体行为的规范作用越来越明显，现代国际社会之所以具有统一性的特征，其原因在于国际社会存在着某些共同的、各国都必须遵守的道德和行为规范。①

---

① 吴征宇：《主权、人权与人道主义干涉——约翰·文森特的国际社会观》，《欧洲研究》2005 年第 1 期，第 90-93 页。

随着全球化、信息化步伐的不断加快，这种规范作用会借助舆论压力来影响经济制裁的博弈过程，这也是为什么本书认为基于价值性判断的观众成本不仅存在，而且已经与过去传统概念中基于功利性目的的观众成本一样，都会对经济制裁的过程产生巨大压力。所以，下文将人道主义危机引入到制裁博弈中，以基于价值性判断的观众成本为研究视角来分析制裁国决策者在应对这一危机时的可选策略之逻辑。

当面对目标国出现人道主义危机时，在其仍然选择抵制制裁，而制裁国仍不放宽制裁强度的情况下，制裁双方都会承受国内、国际观众成本的压力（如图 5. 2 所示）。

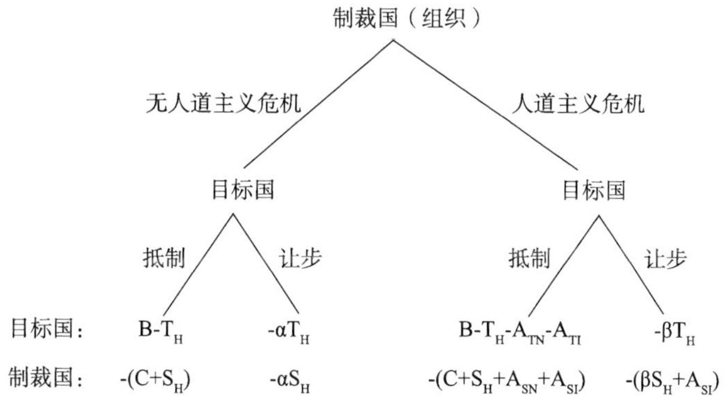

B：代表目标国破坏规则后不让步的收益。

C：代表目标国破坏规则后不让步的情况下制裁国的相应损失。

T：代表目标国（Target），T_H：代表高强度制裁下目标国所承受的损失。

S：代表制裁国（Sender），S_H：代表高强度制裁下制裁国的制裁成本。

A_{TN}：代表人道主义危机下目标国坚决抵制时所承受的国内观众成本，A_{TI}：代表人道主义危机下目标国坚决抵制时所承受的国际观众成本。

A_{SN}：代表人道主义危机下制裁国不采取行动时所承受的国内观众成本，A_{SI}：代表人道主义危机下制裁国不采取行动时所承受的国际观众成本。

α、β：代表影响系数，与双方博弈的时间有关。($0<\alpha$、$\beta<1$)

制裁国一栏中的“-”代表目标国的收益为正时，制裁国损失以“负数”为起始衡量单位。

图 5. 2　追求经济制裁有效性的博弈逻辑Ⅱ

此时，目标国的抵制代价为其破坏规则的收益减去制裁损失以及国内、国际观众成本（$B-T_H-A_{TN}-A_{TI}$），而制裁国则要承担规则被破坏的损失、高额的制裁成本以及由此带来的国内、国际观众成本（$C+S_H+A_{SN}+A_{SI}$）。对于制裁国而言，诸如联合国或者欧盟，其完全有能力承受高额的制裁成本，但如果不采取相应的人道主义措施，其所承受的观众成本压力反而要远高于制裁的成本。联合国制裁伊拉克以及欧盟制裁叙利亚的过程中均出现了以上情况，其中著名的“石油换食品计划”就是联合国在应对这一观众成本压力下所采取的折中策略。

基于缓解目标国人道主义危机的目的，制裁国通常可以采取两种方式来进行补救，一是制裁过程中的人道主义例外措施，例如“石油换食品”和特定商品的禁令解除等；二是制裁过程中人道主义援助措施。向目标国提供人道主义援助或实施人道主义例外措施都有利于降低制裁国的观众成本，减少国内外舆论的压力，有利于继续维持现有的制裁制度，进而继续维系制裁成员国间的国际合作。但从制裁双方的损失与收益层面上来看，二者还是存在一定的差别（参见图 5. 3）。

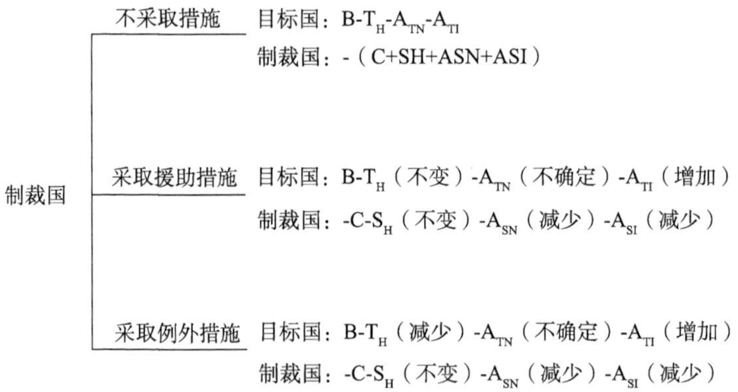

图 5. 3　人道主义措施对制裁效果的影响逻辑

首先，就人道主义援助而言，由于该措施通常集中于食品和药品等范围，因此人道主义援助并不实质性缓解经济制裁给目标国造成的损失。但是正是因为人道主义援助措施的存在，使得国际社会对于目标国受害者角色的同情感有所下降；与此同时，它会相应提升目标国不顾本国无辜百姓的苦难而一意孤行地去追求政治获益的国际观众成本。

其次，就制裁过程中的人道主义例外而言，由于该措施不同于制裁政策在制定时的人道主义例外考虑，作为制裁过程中的人道主义例外措施，其往往是就先前禁止、中断或限制的领域和商品进行有条件的放宽。因此，对于目标国而言，这种例外措施如同是“失而复得”的机会，所以其所承受的制裁损失会因此有所下降。此外，与人道主义援助的情况类似，人道主义例外措施会提升目标国所承受的国际观众成本。

最后，无论采取哪种人道主义补救措施，其对于目标国国内观众成本的影响往往存在不确定性。这是因为两种措施都需要目标国给予相应的配合，如果目标国国内存在强有力的反对派或者其当权者有意借助以上措施来进行政治动员，那么这种不确定的情况就更加明显。但无论如何，人道主义援助的主动权更多地集中在制裁国一方，其对于援助物资的选择上更能从广大无辜受害民众的实际所需出发。而人道主义例外措施往往因为其并不“慷慨”，且在执行过程中又容易出现寻租行为，所以在执行过程中难以有效控制。换言之，两种措施对于目标国国内观众成本的影响上都存在不确定性，但人道主义援助更能提升这一观众成本对目标国掌握政权者的压力。

将价值性判断的观众成本理论引入经济制裁博弈的分析框架中有助于诠释决策者在有效制裁与人道之间的权衡逻辑。然而不可否认，有效与人道的权衡并非易事。过去，无论是联合国所发起的经济制裁，还是诸如欧盟所实施的经济制裁，都会面临有效与人道权衡的棘手议题，其中不乏可以更为准确地反映出本书所要聚焦核心议题的极为典型的制裁案例。为此，下文将选取联合国全面制裁伊拉克以及欧盟针对性制裁叙利亚来进行案例分析和实证研究，以此来验证本书的核心观点和理论假设。

第六章

联合国制裁实践的评估：全面制裁伊拉克的人道主义权衡

第一节 “全面制裁”措施的内容及伊拉克所承受的代价

一、制裁的缘起及制裁的目标

20世纪80年代，两伊战争爆发时，作为伊拉克邻国的科威特在最初一直保持中立态度，并期望能够从中调停。1982年，当伊朗宗教领袖霍梅尼尝试向这个石油小国输出革命时，科威特则立刻转向支持伊拉克以对抗伊朗的霸权举动。随后，科威特开始对伊拉克进行大量经济援助，两国关系不断走好。然而，两伊战争结束后，这两个阿拉伯邻国的友好关系却因经济和外交因素而持续恶化，因为战后伊拉克的财政收入并不足以支付其在战争期间从科威特借得的140亿美元战争贷款。因此，伊拉克当局请求科威特免除其债务，理由也很简单，在伊拉克看来，两伊战争成功地抵抗了伊朗对科威特的霸权。

伊科双方在债务减免的谈判上一直没有取得什么进展，这势必惹怒了伊拉克这个海湾的地区性强国，为此，萨达姆定下了以武力吞并科威特的决心。1990年8月2日，伊拉克悍然出动部队入侵科威特，在不到一天的时间内便占领了科威特全境。可见，萨达姆政权企图以这种闪电式的入侵来实现其领土扩张的目的。

伊拉克入侵科威特遭到了国际社会的强烈反对。面对伊拉克这种严重践踏国际法和《联合国宪章》的行为，国际社会纷纷发声加以谴责。美国总统布什在白宫发言中强烈谴责伊拉克的军事入侵，并签署行政命令开始对伊拉克进行金融制裁。苏联外长称，任何争端都不能作为使用武力的借口，苏联决定暂停向伊拉克供应武器。在中东地区，伊拉克是苏联的铁杆盟友，其也从苏联那里进口了大量的武器装备，伊拉克军队建成的苏式机械化部队中有80%以上的装备来自苏联，因此苏联的态度是在明确警告伊拉克萨达姆政权不要玩火。

伊斯兰国家和组织同样在当日发表声明要求伊拉克从科威特撤军并希望双方和平解决彼此争端。此外，阿盟、不结盟国家组织也纷纷发出声明对伊拉克武力入侵科威特加以严厉谴责，并要求萨达姆必须通过对话和谈来解决争端。中国政府同样明确表态，要求伊拉克从科威特撤军，并中止向其继续出售武器。① 安理会在伊拉克入侵科威特当天就通过第 660（1990）号决议谴责伊拉克的侵略行径并命令萨达姆政府立即无条件将其部队撤至 8 月 1 日所在的位置。

然而，伊拉克毫无退让的强硬态度最终引发了安理会更为严厉的制裁回击。就在伊拉克入侵科威特的 4 天后，8 月 6 日，安理会最终以 13 票赞成、两票弃权（古巴和也门）表决通过了对伊拉克实施经济制裁的第 661（1990）号决议，决议要求伊拉克从科威特撤军并恢复后者合法政府的权力。此项决议成为联合国在冷战后第一次大规模地对一个国家实施经济制裁的行动授权，这一决议的通过也彻底拉开了经济制裁伊拉克的大幕。从执行层面来看，安理会的制裁决议得到了联合国大多数成员国的支持和拥护，有超过 150 个国家执行了这一决议，这其中甚至包括了一贯保持中立态度的瑞士，可见，对伊拉克的经济制裁在制裁史上堪称“世纪之最”。

联合国制裁伊拉克分为两个阶段，不同制裁阶段其制裁目标也不尽相同。第一个阶段是安理会在第 661（1990）号决议中所明确提出的撤军目标；第二个阶段是安理会在第 687（1991）号决议中明确地向萨达姆政权提出了一系列取消经济制裁的条件，其内容主要包括：伊拉克必须承认其与科威特于 1963 年 10 月在巴格达所共同签署的边界划定协议，无条件地承诺不发展核武器或获取可用于发展核武器的材料和设备，无条件地同意在国际监督下销毁、拆除大规模杀伤性武器，遵守《不扩散核武器条约》，同时承认其过去所背负的外债及承担战争赔偿的义务，并不再支持恐怖主

① 参见：《美国对伊在科的军事行动反应强烈》，《人民日报》1990 年 8 月 3 日，第 6 版；《苏联决定暂停向伊拉克供应武器》《伊斯兰国家和组织发表声明要求伊拉克从科威特撤军希望伊科两国和平解决争端》《不结盟国家使节紧急会议对伊拉克进攻科威特深感不安》，《人民日报》1990 年 8 月 4 日，第 6 版；《外交部发言人说中国不向伊拉克出售武器》，《人民日报》1990 年 8 月 6 日，第 1 版。

义活动。[①] 从1991年到2003年十二年中，联合国始终坚持以这一目标作为衡量萨达姆政权实际让步与合作的程度，直到2003年5月，安理会最终通过了第1484（2003）号决议才彻底取消了对伊拉克的经济制裁。

二、全面制裁的内容及伊拉克所承受的代价

联合国对伊拉克的制裁政策可谓是史上最为严厉的经济制裁。安理会在第661（1990）号决议里明确要求联合国各成员国禁止进口原产于伊拉克和科威特的所有商品，禁止向伊拉克出售武器和军用设备，禁止向伊拉克政府或其境内的任何商业、工业以及各项公共事机构提供人道主义目的款项以外的所有资金支持。此后，联合国又通过了第665（1990）号决议，要求在该地区部署海上力量的成员国拦截一切进出的海运船只，进而彻底停止伊拉克的海上出入境运输。在海上禁运制裁实施后的一个月，安理会再次通过了第670（1990）号决议，进一步对伊拉克实施了空域封锁的制裁措施，要求各成员国不准许起飞任何来往伊拉克或科威特的飞机，不允许这类飞机飞越各成员国领空。

从第661（1990）号决议开始到海湾战争爆发前，联合国陆续通过了十多项制裁决议来向伊拉克政府施压。安理会的第678（1991）号决议被认为是对伊拉克下达的最后通牒，该决议要求伊拉克政府在1991年1月15日前必须履行联合国此前公布的制裁决议，否则安理会将采取一切必要手段来对伊拉克进行惩罚，直到其“回心转意”为止。然而，萨达姆政府始终没有做出任何让步，在最后通牒到期后，联合国军队于1991年1月17日开始对伊拉克实施“沙漠风暴”行动，海湾战争也就此打响。

海湾战争结束后，联合国对伊拉克的经济制裁并未停止。1991年5月，联合国还专门成立了监督伊拉克销毁生、化、核武器特别委员会（特委会），对伊拉克实施涉及大规模杀伤性武器的核查工作。在随后的十二年时间里，安理会又陆续通过多项制裁措施来促使萨达姆政权去执行安理会的决议。包括石油禁运、武器禁运、资产冻结、贸易禁运等在内的一系

---

① 参见联合国安理会第687（1991）号决议文，http：//www.un.org/zh/documents/view_doc.asp？symbol=S/RES/687（1991）。

列经济制裁措施堪称联合国史上最为严厉的全面制裁政策。

在经济制裁前，伊拉克在阿拉伯世界里曾是一个福利较好的国家。即便在两伊战争期间，伊拉克社会发展计划和经济增长计划依然在实施。在遭受制裁之前，伊拉克的经济发展在中东地区处于上游水平，人均 GDP 超过 3000 美元，国家拥有充沛的电力供应，现代化的农业，免费的教育体系以及非常可观的中产阶级。石油出口给这个国家带来了源源不断的财富，即便大部分被领导阶层所占有，但仍然有一部分石油收入被用于国家的社会福利建设当中，在教育投入、医疗投入和生活质量提升等各类指标上提升显著。[①] 在 20 世纪 80 年代末期，92%的伊拉克民众可以获得安全的饮用水，93%的社区配备现代化的健康服务设施和医疗机构，伊拉克的人类发展指数（HDI）也要远高于其邻国。然而，联合国长达十几年的经济制裁彻底改变了伊拉克的未来发展轨迹，其负面影响一直延续至今。

首先，经济制裁对伊拉克石油产业的冲击最为严重。伊拉克石油蕴藏丰富，当时的探明储量已超过 1000 亿桶。作为一个石油开采大国，自 20 世纪 60 年代以来，其国民经济收入就严重依赖石油出口，石油收入在海湾战争前一度占到 GDP 的 60%，占其出口的 90%，外汇收入的 95%。然而，禁运制裁使得伊拉克贸易出口被彻底切断，其中石油出口最为惨重。在海湾战争爆发前，持续 6 个月的经济制裁就让伊拉克政府在石油出口上损失超过 100 亿美元。与此同时，伊拉克石油产量迅速下滑，一度减少到制裁前 10%的水平。例如在 1990 年 7 月，伊拉克每天石油生产 350 万桶，而一年后其产量剧降为 35 万桶。

联合国对伊拉克石油出口的限制直到安理会通过第 986（1995）号决议才有所松动。但在整个经济制裁时期，伊拉克石油日开采量再也没有超过 250 万桶，这对于一个盛产石油且长期依靠石油经济带动整个国民经济发展的国家而言，无疑是一场漫长的考验。此外，经济制裁导致伊拉克石油产业发展一度停滞，输油管道年久失修，开采、储存等各类设备严重老化或破损，致使石油开采的水平大受影响。

---

① John Field，“From Food Security to Food Insecurity：the Case of Iraq，1990—1991”，GeoJournal，Volume 30，Issue2，June 1993，pp. 185-194.

其次，由于作为国民经济支柱产业的石油出口受到限制，使得伊拉克的经济发展深陷低谷。禁运制裁实施之后的第一年就使伊拉克97%的出口贸易被迫中断，这对于国家收入严重依赖石油出口的伊拉克来说无疑是致命的一击。根据世界银行的统计数据来看，1990年伊拉克的国内生产总值为179.9亿美元。经济制裁实施后，其国内生产总值出现断崖式的下跌，直到2004年其GDP也仅为36.6亿美元，不到1990年的四分之一。

受联合国贸易禁运制裁的影响，伊拉克的进出口贸易额在1991年也出现了断崖式的下滑。按照IMF的统计，1989年伊拉克出口贸易额达122.8亿美元，进口贸易额为98.9亿美元，进出口贸易总额创历史新高。1990年最后4个月由于受到经济制裁的影响，其进出口额出现明显下滑。重创并没有就此停止，更为严重的跌幅发生在1991年，伊拉克全年贸易出口额仅为4.7亿美元，与上一年相比跌幅达95.5%，其进口额也仅为4.2亿美元，跌幅为93.6%（参见表6.1）。在1995年联合国实施“石油换食品计划”前，伊拉克的贸易进出口额从未超过制裁前的10%。可见，联合国的全面贸易禁运政策对伊拉克的贸易打击是毁灭性的。

表6.1 1988—1994年伊拉克的对外贸易额 （单位：亿美元）

	1988年	1989年	1990年	1991年	1992年	1993年	1994年
出口额	96.8	122.8	103	4.7	6.0	0.7	3.1
进口额	102.9	89.9	65.2	4.2	6.2	1.9	2.3

数据来源：根据IMF统计数据整理而成，参见Direction of Trade Statistical Yearbook 1994，and Direction of Trade Statistical Quarterly.

此外，在经济制裁前伊拉克的人类发展指数（HDI）在130个国家中列第50位，处于中等水平，而在经济制裁实施后，1995年伊拉克HDI排名已经下降到第106位，2000年更跌到第126位。高失业率、高通货膨胀率使得整个国家濒临崩溃的边缘。

第三，经济制裁给伊拉克普通民众带来了严重的人道主义灾难。与大多数海湾国家一样，伊拉克具有一定的农业发展潜力，其9%的土地面积适合放牧，12%的土地面积属于耕地面积，其中三分之一为可天然灌溉耕地。[①] 两伊战争使得伊拉克的农业生产几乎处于停滞状态，导致其粮食正常供应的70%~80%依赖海外进口。

然而，安理会的全面贸易封锁政策给伊拉克的粮食进口带来了致命的打击，直接导致了伊拉克境内粮食短缺、价格飞涨。仅开始实施制裁的当月，伊拉克国内粮食价格涨幅为200%，三个月后这一涨幅竟高达1800%。据统计，从1991年到1996年，伊拉克各类食品及生活用品价格暴涨，部分商品价格涨幅甚至高达100倍（参见表6.2）。虽然这一期间也存在非法走私的情况，但其规模根本无法满足伊拉克每天高达1万吨的粮食缺口。[②] 粮食短缺使得伊拉克民众的人均卡路里摄入量大幅下降，儿童因饥饿普遍出现了营养不良的状况，加之医疗设备、药品进口也受到经济制裁的重重限制，造成当时伊拉克出现了大量儿童死亡的情况。

表6.2　1991—1996年伊拉克食品、商品价格表

	1991年8月		1996年5月	
	每人平均数量	市场价格（第纳尔）	每人平均数量/单位	市场价格（第纳尔）
面粉（千克）	8	2.4	7	240
大米（千克）	1.5	4.1	1.25	350
食物油（升）	0.25	10.3	0.75	580
茶（千克）	0.05	23.7	0.1	1270
糖（千克）	1.5	4.4	0.5	670
肥皂（块）	0	—	1.5	90
婴儿牛奶（千克）	1.8	22.2	1	3200

数据来源：Peter Boone, Haris Gazdar and Athar Hussain, Sanction against Iraq cost and failure, http://www.supermelaw.org/cc/gwbushliraqecon.pdf.

总之，联合国对伊拉克实施的经济制裁不仅彻底摧毁了伊拉克整个国家的经济发展命脉，同时也将这个国家的人民陷入水深火热之中。不可否认，即便在长达8年的两伊战争时期，伊拉克的各项经济指标仍然能够维

① Iraq Economic Data (1989—2003), https://www.cia.gov/library/reports/general-reports-1/iraq_ wmd_ 2004/chap2_ annxD.html.

② Dreze and Gazdar, "Hunger and Poverty in Iraq, 1991", World Development, Vol.20, No.7, 1992, pp.921-945.

持一定的增长。如果说两伊战争给这个国家带来沉重的打击，那么史上最为严厉的全面制裁政策对伊拉克的打击是致命，不仅经济、社会各项事业的发展几乎止步，广大无辜的伊拉克平民更沦为了经济制裁的最大受害者。

第二节 国际社会的反应及对联合国经济制裁的呼吁

一、国际社会对伊拉克人道主义危机的反应

伊拉克不断恶化的人道主义危机引发了国际社会的广泛关注和讨论。联合国难民署（UNHCR）1992 年的报告称，伊拉克难民数量正在不断上升，其邻国叙利亚、伊朗、沙特已经出现了大量伊拉克难民越境而来以求庇护。[①] 1993 年 7 月，联合国粮农组织、世界粮食计划署和食品供应供给团共同组成专家组，对伊拉克的 17 个省进行了实地调研并公开发表了一项调查报告。该报告认为，由于海湾战争的破坏及国际贸易的封锁，伊拉克的经济已经瘫痪，并出现了饥荒的前兆。整个国家正面临着一场人类的大悲剧，长期的饥馑、普遍的营养不良和大量的失业正在折磨着这个国家。[②] 联合国儿童基金会也警告称，虽然食品和药品不在联合国制裁的范围内，但联合国对伊拉克的石油禁运已经让萨达姆政府和民众没有经济能力去进口这些物品，制裁使得伊拉克目前的流感和麻疹的患病人数、婴儿死亡率、营养不良率、小学辍学率明显攀升。[③]

在联合国采取“石油换食品计划”前，国际社会对联合国全面制裁伊拉克的质疑声从未间断。联合国粮农组织在 1995 年的一份报告中认为，自

① Report of the United Nations High Commissioner for Refugees, http://www.unhcr.org/3ae68c860.html.

② 《联合国粮农组织发表报告说伊拉克出现饥荒前兆》，《人民日报》1993 年 7 月 16 日，第 7 版。

③ Mark Fineman, "Iraq on Brink of Famine, U.N. Finds: Destitution: Sanctions are blamed. Studies liken nation to 'disaster-stricken African countries' ", http://articles.latimes.com/1993-08-08/news/mn-21835_1_united-nations.

海湾战争结束后，经济制裁至少造成了57.6万伊拉克儿童死亡，婴儿死亡率比战争期间还要高出一倍，约400万伊拉克民众正处于严重营养不良的状态，其中绝大多数是儿童、妇女和孕妇，此外有超过50万流离失所的平民急需救济。世界卫生组织在1996年3月发布的伊拉克人口健康状况评估报告中也直言，无论从粮食供应、儿童营养状况、婴幼儿死亡率，还是疟疾、霍乱和伤寒等各类疾病的发病率来看，经济制裁给伊拉克整个国家的打击是非常致命的。

面对伊拉克的人道主义危机，从社会活动家到联合国官员都不断发声警告经济制裁的负面伤害。国际红十字会活动家彼得·沃克（Peter Walker）撰文称，经济制裁作为一种政策工具实际上是一个"钝器"，面对当下的联合国制裁，国际社会应该考虑是否可以找到新的方法来确保制裁的伤害不超出预期。① 联合国秘书长伊拉克特使在其报告中也直言到，伊拉克整个国家正面临着空前的危机，其粮食供应、饮用水供给、环境卫生及医疗体系等各项领域正处于崩溃的边缘，如果制裁继续持续，可能会引发大规模的生存危机。

显然，伊拉克持续恶化的人道主义危机已经成为国际社会在讨论联合国对伊制裁问题上难以回避的议题，各方的压力促使安理会不得不考虑采取相应的补救措施来减少经济制裁政策所引发的负面伤害。

二、对联合国减轻制裁伊拉克的呼吁

严重的人道主义危机使得世界的舆论开始倒向同情伊拉克一方，要求联合国放松或彻底取消对伊制裁的呼声不断增高。不可否认，自海湾战争结束后，持续的经济制裁政策的确给伊拉克整个国家带来了深重的灾难，其伤害甚至远超战争，广大无辜的民众成为最直接的受害者，其中儿童、妇女和老人无疑是最脆弱的群体。

面对这一现实，国际舆论也开始从指责萨达姆政权转向对伊拉克人道主义危机的担忧，一些国际媒体也开始在早日解除伊拉克经济制裁的议题

---

① Peter Walker, Sanctions: A Blunt Weapon, http://www.redcross.int/EN/mag/magazine1995_3/18-19.html.

上给予支持。当时的《纽约时报》在其评论中称，当安理会继续实施经济制裁时，联合国人道主义机构所能提供的帮助只是治标不治本的措施。①《华盛顿邮报》也出现了质疑联合国对伊拉克制裁的评论，对伊经济制裁意味着苦难和愤怒，这是要让整个伊拉克人民陷入更加艰难的境地，如果制裁再继续下去的话，对伊拉克整个社会、经济、政治的负面影响将达到无法挽回的地步。因此继续延长经济制裁是一个短视的政策，达不到任何目的，只会让伊拉克无辜的民众继续挨饿，让整个地区面临人道主义灾难。②

此外，曾极力支持对伊拉克实施经济制裁的英国，其著名的媒体《卫报》也开始质疑联合国的对伊制裁行动，其中一篇文章中更直接指控联合国并没有对伊拉克人民在食品、药品等人道主义物资上实施真正的制裁"豁免"。也有文章批评联合国拒绝向伊拉克的婴儿提供足够数量的药品，这如同是所谓的现代文明国家犯下的冷血谋杀罪，这样的经济制裁无疑是十分可耻的行为。③

面对舆论的不满，美国极力为联合国制裁政策辩解，但其所做出的一系列回应反而进一步使得联合国的制裁行动承受着更大的舆论压力。美国是联合国对伊拉克一系列制裁的主导者和推动者，时任美国总统的克林顿在给国会的一份报告中坚称，萨达姆政权并没有完全遵守联合国安理会的决议，所以美国仍然坚定地认为联合国制裁不应该有任何变化。然而，作为美国具有影响力的《纽约时报》等媒体则对美国继续支持联合国制裁政策的做法提出了质疑，因为伊拉克政府已经在履行其对武器控制的义务，但安理会对其石油禁运的政策却没有任何松动，究其原因在于美英两国已经改变了之前所设定的规则。

---

① Barbara Crossette, Iraq Sanctions Kill Children, U. N. Reports, http://www.nytimes.com/1995/12/01/world/iraq-sanctions-kill-children-un-reports.html.

② 参见：Murphy, Caryle, Sanctions Mean Hardship, Anger For Iraqi Civilians; Diplomats Say U. N. Measures May Hurt Stability of Region, The Washington Post, Oct 16, 1994; McCarthy, Colman, The Ongoing War Against Iraq's Civilians, The Washington Post, Jan 30, 1996.

③ Kais Al-Kaisy, Letters: The sanctions that bring death, The Guardian, Jul 5, 1994; Yves Bonnet, Sanctions that should shame the UN Denying Iraqi babies medicines amounts to cold-blooded murder by supposedly civilised states, The Guardian, Aug 9, 1995.

在面对伊拉克因制裁而导致50万儿童死亡的议题上，美国驻联合国大使奥尔布赖特的回应更让舆论一片哗然。她在1996年5月12日接受电视采访时就制裁导致伊拉克50万儿童死亡的议题给予强硬回复："这是一个非常艰难的选择，但这就是代价，这个代价我认为是值得的。"在她看来，伊拉克人民的苦难是由萨达姆一手造成的，而人民不得不去承担这一惨痛的代价。这一说法随即激起了更大的愤怒，国际舆论纷纷谴责奥尔布赖特的言论完全不负责任。

伊拉克人道主义危机不断加剧也使得西方反伊同盟在制裁问题上出现了一定的分歧。从1993年开始，反对制裁的声音在阿拉伯世界开始蔓延，这也使得联合国内部产生了分歧。据美国当时的情报称，面对联合国的制裁，萨达姆很难支撑较长时间，然而事实却超出了预料。为此，美国开始对中东国家进行游说，希望他们能继续延续对伊拉克的制裁政策。当奥尔布赖特用萨达姆在他宫殿上的巨额花费来阐述对伊拉克制裁的必要性时，阿拉伯世界的领导人在感到震惊的同时，反而在强调伊拉克人民在经济制裁中所要承受的沉重痛苦。也正因如此，在阿拉伯世界开始出现了街头抗议活动，以谴责各国对伊拉克实施毫无人道的全面制裁行动。时任法国总统希拉克与克林顿会谈后在新闻发布会上直言，制裁造成伊拉克儿童大量饿死这一事实是他无法容忍的，法国希望能够早日解除制裁。① 随着问题不断被抛出，国际社会对制裁伊拉克的态度开始发生了明显的转变，一些国家已经开始就减轻或取消对伊制裁展开了讨论，俄罗斯、法国希望与伊拉克进行贸易往来的意愿不断增强，而作为安理会常任理事国的中国也表态称，中国同情伊拉克人民目前的困难处境，主张根据情况变化及时解除对伊制裁，以缓解伊拉克人民的苦难。②

在联合国大会上，多数发展中国家都开始谴责对伊经济制裁的负面危害，因为制裁政策对伊拉克人民的惩罚过于残酷，而对萨达姆政权的伤害却微不足道。为了赢得国际社会更多的关注和同情，萨达姆政权也在利用

---

① The President's News Conference with President Jacques Chirac of France, February 1, 1996, http://www.presidency.ucsb.edu/ws/?pid=51956.

② 《中伊外长举行会谈中国主张通过对话协商解决海湾危机遗留问题》，《人民日报》1994年8月25日，第4版。

各种机会来向外界宣传伊拉克因制裁而不得不面对严重的经济与社会危机。萨达姆此举无疑是希望能够通过游说来分离制裁方的内部合作，进而早日解除对伊经济制裁。

面对现实的状况，美英两国在极力维护联合国安理会对伊经济制裁政策的同时，也不得不去对制裁政策进行相应的调整，希望能起到缓解来自各方的指责压力。为了摆脱这一尴尬局面，继续维持对伊制裁，美英两国在 1995 年提出了一项补救措施，这一措施允许伊拉克出口规定数量的石油用以换购急需的粮食、药品等人道主义物资。这一建议的核心内容最终成为联合国安理会第 986 号决议“石油换食品计划”的重要组成部分而被各方所接受。而“石油换食品计划”也正式开启了联合国史上最大规模的人道主义救援行动。

第三节　人道主义的紧急补救措施：著名的“石油换食品计划”

一、“石油换食品计划”的内容

“石油换食品计划”的核心内容就是联合国安理会通过长期的制度安排来努力缓解伊拉克因战争以及经济制裁所导致的人道主义伤害。1995 年 4 月 14 日，联合国安理会通过了第 986 号决议确立了对伊拉克实施“石油换食品计划”，该计划作为制裁的因应措施，旨在为伊拉克当局提供一个可通过出口一定限额的石油来换购整个国家所急需的粮食、药品以及其他人道主义物资的渠道。为了确保石油出口所得能够充分用于食品的购买，安理会决议中也明确规定了这一计划需要在联合国的管理监督下进行，要求伊拉克的每笔石油交易款必须全部转入到联合国指定的银行账号中，资金除了用于战争赔偿以及联合国对伊工作经费外，其余费用主要用于粮食和药品的采购，以解决伊拉克当前这类物资严重短缺的困难局面。

虽然“石油换食品计划”是为了减轻伊拉克人民所承受的痛苦而制

定，但整个谈判过程并不十分顺利。因为早在 1991 年 8 月 15 日通过的联合国安理会第 706（1991）号决议中就曾提议过允许伊拉克在联合国监督下出口一定数量的石油和相关产品，但当时这一提议遭到了伊拉克政府的强硬拒绝。所以在“石油换食品计划”提出后，萨达姆当局并不愿意接受协议中有关资金的流向和监管等多项限制的规定。此外，美国对伊拉克北部三个省的粮食和药品分配也持反对意见，并有意煽动伊拉克国内南北方对立，使萨达姆不愿意按照协议支出更多石油出口资金以用于对北部三省的“特殊”照顾。

谈判进入僵持阶段后，联合国不得不开始进行积极的协调。首先于 1995 年 11 月 25 日成功化解了伊拉克北部各省与政府当局的矛盾，随后在次年的 1 月与萨达姆政权开始正式进行多轮磋商和谈判。最终，联合国和伊拉克当局在 1996 年 5 月 20 日正式签署了谅解备忘录，标志着“石油换食品计划”的成功达成。

为了确保“石油换食品计划”是基于人道主义的目的，安理会陆续通过了多项制裁决议对“石油换食品计划”的具体实施进行了制度设计。首先，按照联合国安理会第 986（1995）号决议规定，伊拉克国家石油销售组织（SOMO）被授权参与伊拉克向国际石油公司出口石油的谈判。其次，一旦石油交易的合作达成，双方将向联合国专门负责监督伊拉克石油出口的监督委员会进行合同备案。最后，在“石油换食品计划”的框架内，依据安理会对每一阶段的石油出口限额，伊拉克将借助其与土耳其之间的输油管道向外输送石油。此外，最为重要的规定是在整个交易过程中，每笔石油款必须全部转入到由联合国监管下的法国巴黎银行（BNP）纽约分行的账号中。

整个“石油换食品计划”从 1996 年 12 月 10 日启动到 2003 年 6 月 3 日为止共分为十三个阶段，每个阶段平均以 6 个月为一个时间跨度。安理会通过多项决议对各个阶段的石油出口上限和用途比重做了明确的规定，例如，在石油出口额度上，按照联合国安理会第 986（1995）号决议，即：第一阶段到第三阶段，允许伊拉克每半年出口的石油额度上限为 20 亿美元；从第四阶段开始，根据联合国安理会第 1153（1998）号决议的内容，伊拉克当局每半年出口石油的额度上限提高至 52.56 亿美元，而这一限制直到第七阶段安理会通过第1284（1999）号决议才最终彻底放开（参见表6.3）。

表6.3 联合国“石油换食品计划”全过程事件表

安理会决议	时间	主要决议内容	伊拉克的态度
706号决议	1991年8月15日	自即日起6个月内允许各国进口一定数量的伊拉克原产石油和石油产品，但总额不得超过16亿美元。购买款应直接付给由联合国设立的代管账户中。由安理会核准来购买食物、医药、民用必需物资等。此外一部分款额用于支付联合国执行第687号决议有关项目的全部任务费以及为促使伊拉克归还掠夺科威特财产的全部费用和一半的标界委员会费用	拒绝
707号决议	同上	允许特别委员会、原子能机构无条件、无限制的视察所有地区、设备、记录和运输工具	无积极回应
712号决议	1991年9月19日	受706号决议管制的石油和石油产品可免受法律诉讼和查封，扣押，确保销售所得不得转用他处，确定代管账户资金可立即支付用于满足伊拉克人道主义需要的费用	拒绝石油出口由联合国控制
778号决议	1992年10月2日	在1990年8月6日后因购买伊拉克石油或石油产品需支付给该国的款项应尽快转入联合国的代管账户中。其中一部分款项用于支付联合国在伊拉克境内提供人道主义救济费用	无积极回应
986号决议	1995年4月14日	第一阶段 1996年12月10日—1997年6月7日（实际执行） 购买石油应由有关国家申请需经伊拉克政府同意。3个月内出口石油或石油产品价值不超过10亿美元。代管账户款项应当满足人道主义需要，用于支付购买第661号、第687号决议所述的医药、卫生用品、食品及民用必需物资，此外每3个月须向北部三省提供1.3亿至1.5亿美元人道主义援助	拒绝签署备忘录
1111号决议	1997年6月4日	第二阶段 1997年6月8日—1997年12月4日 决定对第986号决议有关规定延长6个月	提交人道主义救援并停止石油出口
1143号决议	1997年12月4日	第三阶段 1997年12月5日—1998年5月29日 决定对第986号决议有关规定延长6个月	—
1153号决议	1998年2月20日	第四阶段 1998年5月30日—1998年11月25日 决定允许进口伊拉克石油在6个月内不超过52.56亿美元，建议粮食、营养保健部门的金额应优先分配，此外，向北部三省提供6.82亿至7.88亿美元	—

续表

安理会决议	时间	主要决议内容	伊拉克的态度
1175号决议	1998年6月19日	允许向伊拉克出口必要零件和设备，使其能够增加石油生产，但总额不得超过3亿美元	—
1210号决议	1998年11月24日	第五阶段　1998年11月26日—1999年5月24日 决定对第986号决议有关规定延长6个月	—
1242号决议	1999年5月21日	第六阶段　1999年5月25日—1999年1月20日 决定对第986号决议有关规定延长6个月	—
1275号决议	1999年11月19日	决定对第1242号决议有关规定延长2周	拒绝接受，停止装卸出口原油
1280号决议	1999年12月3日	决定对第1242号决议有关规定延长1周	—
1281号决议	1999年12月10日	第七阶段　1999年12月12日—2000年6月8日 决定对第986号决议有关规定延长6个月	—
1284号决议	1999年12月17日	决定设立联合国监测、核查和视察委员会以取代特别委员会，取消进口伊拉克石油的限额	—
1302号决议	2000年6月8日	第八阶段　2000年6月9日—2000年12月5日 石油款13%向北部三省提供。增加石油零件和设备合同金额，但总额不得超过6亿美元	—
1330号决议	2000年12月5日	第九阶段　2000年12月6日—2001年6月3日 代管账户中提取1500万美元用于支付会费，决定在180天内转到赔偿基金的实际扣减率为25%。其余严格用于人道主义项目	—
1352号决议	2001年6月1日	决定对第1330号决议有关规定延长至7月3日	坚决反对
1360号决议	2001年7月3日	第十阶段　2001年7月4日—2001年1月30日 决定对第986号决议有关规定延长150天	—
1382号决议	2001年11月29日	第十一阶段　2001年12月1日—2002年5月29日 拟议货物审查清单及列出了各项物品的技术参数，规定了11项货物审查程序	—
1409号决议	2002年5月14日	第十二阶段　2002年5月30日—2002年11月25日 决定订正后的《货物审查清单》及适用程序的执行时间	不履行解除武装的义务

续表

安理会决议	时间	主要决议内容	伊拉克的态度
1441号决议	2002年11月8日	决定设立一个强化的视察制度，旨在完成伊拉克的裁军进程，要求伊拉克提交大规模杀伤性武器当前情况的申报说明。再次修正或新增了对原子能机构视察小组的授权	拒绝
1443号决议	2002年11月25日	决定对第1409号决议的有关规定延长至12月4日	—
1447号决议	2002年12月4日	第十三阶段 2002年12月5日~2003年6月3日 决定对第986号、1360号、1284号决议中的部分规定延长6个月	—
1483号决议	2003年5月22日	决定解除经济制裁，第661号决议及其以后各项决议均不适用。6个月内终止“石油换食品计划”，解散第661号决议所设立的委员会	—

数据来源：根据联合国伊拉克“石油换食品计划”办公室（UN Office of the Iraq Program，http：//www.un.org/Depts/oip/background/phases.html）以及联合国安理会有关伊拉克的多项制裁决议整理编制而成，决议信息参见：https：//www.un.org/zh/sc/documents/resolutions/。

二、“石油换食品计划”的实际效果

“石油换食品计划”是当时联合国人道主义救援的最大项目之一。联合国每年监管的基金至少为150亿美元，这是当时联合国年度核心预算的五倍。① 世界粮农组织、世界卫生组织、国际电信联盟、世界教科文组织、国际儿童基金会、国际开发计划署、粮食计划署、联合国项目事务厅、联合国人居署等九家联合国组织和机构共同参与了这一计划。整个计划共十三个阶段，累计通过了21个安理会制裁决议。从1996年12月10日到2003年的6月3日，历经6年半之久的“石油换食品计划”使得伊拉克石油出口总额超过644亿美元（参见表6.4）。其中460亿美元用于人道主义救援，160亿美元交付联合国赔偿委员会，其余费用主要用于支付伊拉克“石油换食品计划”办公室、联合国监督核查委员会等机构的日常开支。

① Claudia Rosett，“Oil，Food and a Whole Lot of Questions”，The New York Times，April 18，2003，http：//www.defenddemocracy.org/in_the_media/in_the_media_show.htm? doc_id = 218141.

表 6.4 石油换食品计划收入表

实施阶段	时间跨度	石油数量（百万桶）	出口总值（十亿美元）	每桶价格（美元）
1	1996. 12. 10—1997. 06. 07	120	2. 15	17. 92
2	1997. 06. 08—1997. 12. 04	127	2. 125	16. 73
3	1997. 12. 05—1998. 05. 29	182	2. 085	11. 46
4	1998. 05. 30—1998. 11. 25	308	3. 027	9. 83
5	1998. 11. 26—1999. 05. 24	360. 8	3. 947	10. 94
6	1999. 05. 26—1999. 12. 11	389. 6	7. 402	19. 00
7	1999. 12. 12—2000. 06. 08	343. 4	8. 302	24. 13
8	2000. 06. 09—2000. 12. 05	375. 7	9. 564	25. 50
9	2000. 12. 06—2001. 07. 03	293	5. 638	19. 24
10	2001. 07. 04—2001. 11. 30	300. 2	5. 35	17. 82
11	2001. 12. 01—2002. 05. 29	225. 9	4. 589	20. 31
12	2002. 05. 30—2002. 12. 04	232. 7	5. 639	24. 3
13	2002. 12. 05—2003. 06. 03	169. 6	4. 413	26. 02
总计	1996. 12. 10—2003. 06. 03	3427	64. 231	

数据来源：联合国伊拉克“石油换食品计划”办公室，http：//www. un. org/Depts/oip/index. html。

毫无疑问，“石油换食品计划”对于缓解伊拉克人道主义危机起到了关键性作用。该计划的首份石油出口合同于 1997 年 1 月签署，其换购的粮食和药品分别于当年 3 月和 5 月成功运抵伊拉克。据联合国伊拉克项目办公室公布的数据显示，为期 6 年的“石油换食品计划”共向伊拉克提供了价值 130 亿美元的食品，价值 20 亿美元的药品和医疗用品，60%的伊拉克民众依靠“石油换食品计划”得以维持生存。伊拉克人均每天摄入的食物热量从 1996 年的 1200 千卡提升至 2002 年的 2200 千卡。统计数据显示，2002 年伊拉克中南部 5 岁以下儿童的营养不良率相比 1996 年下降了一半，而北部三省的下降幅度更高。①

虽然“石油换食品计划”成功减轻了制裁带给民众的伤害，但国际社会对这一计划的批评之声远大于赞誉。因为根据“石油换食品计划”决

① 参见伊拉克“石油换食品计划”办公室（Office of the Iraq Programme Oil-for-Food）公布数据，http：//www. un. org/Depts/oip/background/index. html。

议，联合国对伊拉克石油销售实施监督，石油出售的收入将全部汇入联合国代管的特定账户中，而伊拉克需要获得安理会的许可才可以动用账户中的每一分钱。安理会这一规定的目的在于避免伊拉克政府将这一收入用于其研制大规模杀伤性武器的投入等军事目的上。然而，这一计划中的一个重要环节却赋予了伊拉克政府一定的自由度，联合国安理会不仅允许伊拉克政府自己提供他们的人道主义物资需求清单，同时也允许萨达姆政府可以根据自己的意愿来选择石油的购买方和商品的供应商。

这样一来无疑让萨达姆政府在制裁中有机可乘，其正是通过一系列可操作的手段而在以上环节中大肆牟利。首先，通过石油合同获利就是萨达姆政权大做文章的地方，主要有两种形式，一种是回扣或称之为贿赂，另一种是征收附加费。在回扣方面，伊拉克政府在 1997 年便开始将石油出口配额授权给那些有兴趣购买伊拉克石油的中间商，这些人一旦赢得萨达姆政权的信任并懂得石油交换中所隐藏的游戏规则，那么他们就会获得远低于国际市场价格的石油配额指标，而这些指标可以让中间商在国际石油交易市场中赚得丰厚差价。为此，伊拉克政府精心设计一套回扣体系，那些获利者如果想继续赢得萨达姆政权的信任进而拿到进口配额的话，就必须要将其一部分获利存入到遍布于世界各地由伊拉克政府所控制的账号中，从而使萨达姆政权获得可以自由支配的经济源。

而在附加费方面，从 2000 年起，即“石油换食品计划”的第八个阶段后，伊拉克政府又开始向进口石油方额外征收每桶 0.1 美元的附加费，而在后续合作中，附加费则可能根据未来两年的购买意向而进行相应地升降调整。一旦有不愿缴纳者，自然会被萨达姆政权拉入黑名单，禁止其继续获得新的石油购买合同配额。显然，这一石油购买附加费成为伊拉克政府牟利的一个公开渠道。

第四节 “石油换食品计划”对制裁效果的影响评估

作为联合国制裁过程中重要的措施之一，为期 6 年之久的“石油换食品计划”对制裁的效果产生了一定的影响。虽然，目前没有任何权威的研究证明这一计划直接决定着伊拉克经济制裁的成败。然而，作为基于人道主义考虑的权衡之策，客观讨论和分析“石油换食品计划”对制裁效果的实际影响将有利于我们更为全面地评估这一计划的存在意义和价值。

作为人道主义补救措施，该计划在一定程度上缓解了因全面制裁而带给伊拉克人民的伤害。但不可否认的是，国际社会对其的质疑和批评也从来没有停止过。根据 2004 年美国中央情报局的调查，萨达姆利用这一计划赚得了 17 亿美元的回扣，此外，非法走私石油的金额更高达 109 亿美元。在整个过程中，由于各级部门管理不善以及一些联合国官员、部分国家政要的参与，使得这一计划成为联合国对伊制裁的一个颇具争议的环节而被广泛讨论。那么，这一计划究竟对制裁的效果产生了怎样的影响作用，下文将从经济、政治和国际合作三个层面加以评估。

一、基于经济层面的评估

“石油换食品计划”对双方硬实力对比、贸易联系、经济损失的影响各不相同。

第一，该计划并不实质性改变双方的硬实力对比，也不影响制裁方运用其经济实力的能力。例如，联合国对伊拉克的贸易封锁能力、资产冻结能力不会因为这一计划的实施而受到任何冲击。此外，这一计划的目的也并不旨在恢复伊拉克的经济水平，而是满足人道主义需求。在整个计划实施的几年时间里，伊拉克的石油出口量、国内生产总值、人均 GDP、外汇储备仍然远低于制裁前的水平。

第二，就双方贸易联系而言，“石油换食品计划”改变了双方不对称的依赖关系。在联合国安理会对伊拉克实施经济制裁前，伊拉克主要依靠石油出口维持经济发展，因此当制裁决议规定各成员国禁止从伊拉克进口石油时，贸易关系中伊拉克所处的角色是依赖方，非对称性依赖所形成的权力掌握在联合国一方。然而，根据联合国安理会“石油换食品计划”决议，伊拉克政府有权选择石油出口对象，各国想获得进口石油的指标需要经过伊拉克政府的同意。由于出口价格远低于国际市场原油价格，当价格落差所产生的巨大经济利益成为稀缺资源时，贸易关系中伊拉克所处的角色从依赖方转而成为权力掌握方，从而将主动权交到了萨达姆手中。可以说“石油换食品计划”改变了制裁双方经贸联系的依赖关系（参见图 6.1）。

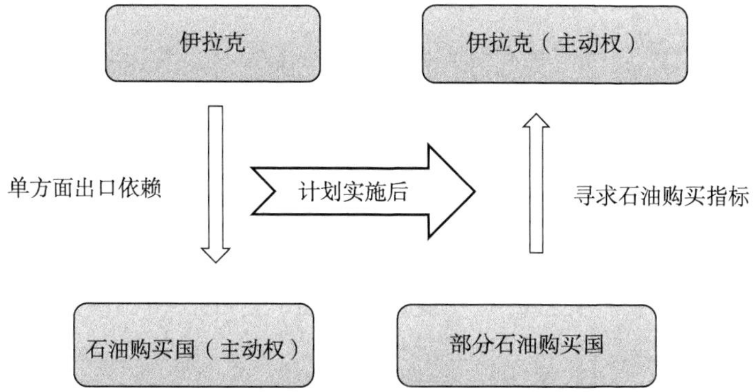

图 6.1　制裁双方经贸依赖关系变化图

第三，从经济损失程度而言，“石油换食品计划”在一定程度上减轻了伊拉克所承受的经济损失。联合国全面经济制裁政策立刻使得伊拉克国内生产总值出现了断崖式下跌，严厉的制裁措施使得伊拉克的经济发展陷入了瘫痪状态，在随后的几年时间里其经济增长一直低迷。政府依靠海湾战争前所积累的一些“应急储备资金”以及石油走私获利勉强维持伊拉克人民生产所需的粮食配给。基于缓解伊拉克人道主义危机的目的，“石油换食品计划”得以通过并开始实施。然而，为了保证石油出口所得真正用于人道主义救援，联合国安理会为此设置了资金管控和监督措施。起先联合国安理会对伊拉克石油出口限额做了严格规定，即任一 180 天期间内伊拉克可出口价值不超过 20 亿美元的石油及石油产品，随后这一限额在三年后的安理会第 1153（1998）号决议被进一步放宽，金额从 20 亿美元放宽为 52.56 亿美元。

这一计划的初衷并不在于恢复伊拉克的经济发展，而是一种基于追求制裁有效的同时又要降低伤害的折中选择。然而，从实际情况来看，自 1995 年开始实施“石油换食品计划”后，伊拉克的经济开始有所回升。按照伊拉克中央银行所公布的经济数据显示，从 1995 年开始，伊拉克的经济复苏步伐加快，1995 年其 GDP 为 2.25 兆第纳尔，而到了 2001 年，其 GDP 已经接近 10 兆第纳尔，这一数值已经是 1995 年的 4 倍之多（参见图 6.2）。

伊拉克 GDP 之所以出现猛增的关键原因在于联合国通过“石油换食品计划”给了伊拉克一个可以出口石油的“许可证”。对于严重依赖石油经济的伊拉克，这无疑让其从四处封闭的“经济牢笼”中获得了一扇通往外界的“后门”。随后，伊拉克政府便利用这一渠道开始与联合国不断就出口限额、资金流向等议题讨价还价，尽可能逼迫联合国安理会进一步放宽对其的经济制裁。诚然，经济制裁对伊拉克的石油产业打击最深，石油经济受损无疑是伊拉克经济制裁最大且最为直接的影响，然而，这扇经济“后门”却让伊拉克的石油产业得以重新启动，石油的出口对经济的一系列带动作用使得伊拉克经济有了复苏的动力，这也使得其政府获得了可以喘息的机会。

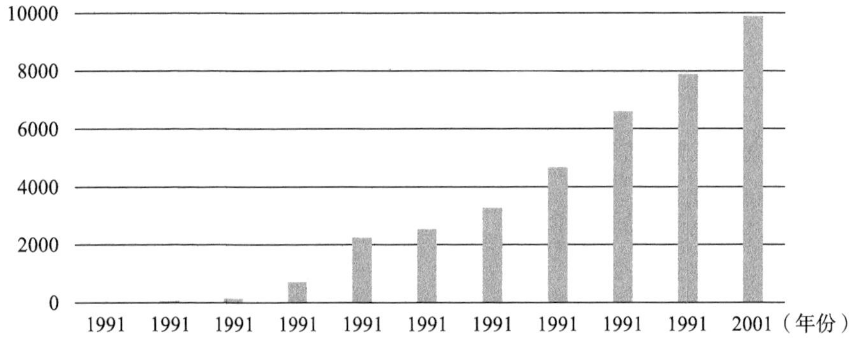

图 6.2　伊拉克名义 GDP（Current Prices）单位：10 亿第纳尔

数据来源：伊拉克中央银行，https：//www. cbi. iq/documents/Annual_ 2002f. pdf

二、基于政治层面的评估

从政治层面加以评估分析，“石油换食品计划”对制裁的政策目标、制裁方式以及制裁执行力的影响也不尽相同。

首先，对于制裁目标的影响而言，“石油换食品计划”并不影响安理会在先前通过的决议中所设立的制裁目标。海外战争结束后，安理会在 1991 年通过第 687（1991）号决议，其制裁目标除了要求伊拉克遵守国境划定及维持地区和平外，更为重要的目标是迫使萨达姆政权主动放弃发展大规模杀伤性武器，接受武器核查。安理会第 986（1995）号决议内容里仍然明确强调，伊拉克只有履行安理会各项决议，特别是第 687（1991）号决议要求，这样安理会才能根据决议规定对 1990 年 8 月 6 日所通过的第 661（1990）号决议采取进一步的行动。也正是因为“石油换食品计划”并没有涉及制定新的制裁目标，因此该计划的实施也不会对安理会之前通过的有关决议中所设置的制裁目标产生任何影响。

其次，对于制裁方式的影响而言，“石油换食品计划”主要在贸易禁运中针对石油这一特定商品出口进行一定的制裁例外，同时就部分合同结算中涉及的资产给予有条件的解冻。例如，安理会第 986（1995）号决议中第 10 段内容对于有关第 661（1990）号决议第 4 段和第 778（1991）号决议第 11 段所禁止使用的冻结款项问题上，可以在“石油换食品计划”的项目中“特事特办”。[①] 所以，该计划严格意义上不应被视为安理会对伊拉克制裁在方式和类型上的改变。此外，在这一计划实施过程中，美英两国于 2001 年 6 月向安理会提交了一份“聪明制裁”的议案，但最终由于遭到俄罗斯等国的反对而放弃，所以从这个角度来看，“石油换食品计划”并不涉及安理会制裁方式的调整。

再次，虽然“石油换食品计划”并没有对制裁目标以及制裁方式产生影响，但对于制裁执行力的效果而言，作为制裁措施中的一个补救环节，“石油换食品计划”的执行在整体上对伊拉克的制裁执行力产生了重要的影响。联合国在“石油换食品计划”的具体执行过程中监管不力致使这一过程存在严重的腐败现象。据负责“石油换食品计划”受贿案调查的美联储前主席沃尔克在其报告中称，有来自 66 个国家超过 2200 家企业为获得石油合同向萨达姆政权支付了共计 18 亿美元的贿赂和回扣，其中法国、俄罗斯的上榜企业最多，德国、韩国、澳大利亚等国的全球知名企业也卷入其中。一项对伊拉克制裁过程中最大规模的人道主义援助计划反而成为萨达姆政权与世界商业集团、部分制裁国政要的黑金交易。从某种意义上讲，联合国经济制裁措施的效果极大地依赖各国的遵守和执行效率，然而在制裁过程中存在的特殊利益勾结，在一定程度上造成一些国家在履行和

---

① 参见联合国安理会 1995 年 4 月 4 日所通过的第 986（1995）号决议中第 10 段内容关于资产冻结的有关说明。

贯彻安理会第687（1991）号等制裁决议时的能力和意愿受到侵蚀，进而影响制裁决议的拘束力和执行力。

相比制裁方的执行力，受制裁方的抵制力也因这一计划的实施而得以加强。起初在应对联合国制裁打击时，伊拉克政府通过精心设计的一套食品配给计划来维持伊拉克人民对政权的忠诚度，因为经济制裁的目的就是要破坏这一点。[①] 萨达姆政权向伊拉克民众提供免费的食品救济、房屋补贴、能源补贴等各类优惠措施，特别是自经济制裁开始后，其动用300个政府仓库，雇佣超过6万名工人将价值10亿英镑的食品通过定额配给的方式每月提供给所有的伊拉克公民。[②] 毋庸置疑，仅靠之前所积累的政府资金很难长期支持这一计划，资金缺口必然会随着时间的推移而不断加大。

然而，"石油换食品计划"的出现给萨达姆政权维持其食品配给计划提供了持久的资金支持。大规模、高效率的粮食配给计划让萨达姆政权有效地抑制了民众因制裁而对政府产生的不满情绪，萨达姆政权通过动用政府资源来向每一个伊拉克公民提供基本的生存所需，进而赢得了民众的普遍支持。可以说，原本伊拉克民众对政府的依赖现象是一个巨大的社会问题，这一问题反而让萨达姆巧妙地通过利用"石油换食品计划"转化为一个政治加分项目，进而强化了萨达姆政权的政治领导力，这也是为什么当时在伊拉克的许多民众将萨达姆称为"父亲萨达姆"（Father Saddam）的主要原因。

三、基于国际合作层面的评估

从国际合作层面加以评估，"石油换食品计划"的实施让美国以及安理会各理事国在面对伊拉克严重的人道主义灾难面前可以"有所作为"，这在一定程度减轻了国际舆论的压力，进而得以维持对伊拉克的国际制裁合作。

伊拉克人道主义危机的直接源是联合国的全面经济制裁政策。联合国

① John Tierney, Another Challenge in Iraq: Giving Up Food Rations, http://www.nytimes.com/2003/10/12/weekinreview/12TIER.html.

② Sheldon Richman, Iraqi Sanctions: Were They Worth It? https://www.globalpolicy.org/component/content/article/170/41952.html。

实施经济制裁是依据《联合国宪章》第七章内容所明确的职责和权力而采取的相应行动，然而联合国的行动使命除了维护国际和平与安全外，保护人权、提供人道主义援助等也是其重要的组成部分。诚然，联合国的宗旨之一就是要"促成国际合作，以解决国际间属于经济、社会、文化及人类福利性质之国际问题。"因此，在联合国采取经济制裁行动时，如果其结果已经造成了严重的人道主义灾难，在这种情况下仍然未采取及时措施而任由事态发展，这将让国际社会认为联合国制裁的目的不仅是为了迫使萨达姆政权作出政策让步，而且还带有一定程度的恶意惩罚之意。

联合国层面的经济制裁在主观上不具有惩罚功能，其功能应该是强制改变。联合国发起经济制裁的目的就是为了强制受制裁国改变违背国际行为标准的政策。[①] 因此，联合国对伊拉克的经济制裁即便在客观上可能会造成人道主义伤害，但其主观上并不是以惩罚伊拉克整个国家为目的。所以一旦制裁政策所造成的灾难被外界认为是其主观意愿时，这就意味着联合国并没有维护其保护人权的宗旨。

从观众成本角度来分析，伊拉克的人道主义危机已经提升了国际、国内的观众成本。一些国家已经开始出现了不同的声音，国际社会也开始就安理会是否有必要继续维持制裁政策而进行讨论，俄罗斯、法国、中国这三个常任理事国也均有解除或减轻对伊经济制裁的一些言论。由于联合国制裁委员会面临着较大的舆论压力，一些国家很有可能会在制裁的问题上有所转向，这样的结果势必会严重影响成员国之间的经济制裁合作。此时，"石油换食品计划"的实施起到了降低国际、国内观众成本的效果，减少了制裁合作的阻力，借该计划成功使得伊拉克人民的生存危机得以缓和并降低了国际舆论的压力，进而达到了联合国继续维持对伊拉克的长期经济制裁这一目的。

---

① 参见简基松：《论联合国经济制裁之功能》，《中国法学》2005 年第 3 期。

第七章

欧盟制裁实践评估：针对性制裁叙利亚的人道主义权衡

第一节　欧盟制裁叙利亚的目标及内容

一、制裁的原因及其目标

对欧盟而言，叙利亚只是一个中东小国，但却是整个中东和平进程中的重要一环。中东在地缘政治中所具有的特殊意义，使其成为在未来世界格局形成过程中，欲问鼎世界霸权的超级大国和不愿听从超级大国摆布的世界各种战略力量无法割舍的争夺目标。[①] 叙利亚是地缘战略的关键，东接伊拉克、南有黎巴嫩、约旦、北临土耳其，所以一旦叙利亚失控，其不仅会影响到整个中东的安全走向，同时更关系到欧盟“地中海后院”的长治久安。早在 1992 年，欧盟理事会就明确强调与地中海国家发展全面关系的重要性。随后，欧盟在 1995 年 11 月与包括叙利亚在内的 12 个地中海国家共同签署了《巴塞罗那宣言》，各方一致决定将致力于建立更为紧密的伙伴关系。

欧盟在一直寻求与叙利亚建立长期稳定的合作关系，即便在叙利亚受到美国制裁期间，欧盟仍然认为推进与叙利亚的关系是符合其地中海长期战略的明智之举，不会因外界的干扰而止步不前。2008 年，在法国的推动下，叙利亚又成为“地中海联盟”中的一员，叙利亚与以色列在地中海联盟的框架内展开了对话，叙利亚与黎巴嫩也同意建立外交关系。可以说，中东交恶的国家借巴黎的平台相互走近，给中东地区的和平带来了希望之光。[②]

然而，融洽的关系并没有维持多长时间，叙利亚和欧盟的关系便开始不断下滑。首先是叙利亚推迟与欧盟签署伙伴关系协定。2009 年 11 月，叙利亚以还需要时间进一步研究该协定对叙利亚国内经济可能产生的负面

---

① 王京烈：《动荡中东多视角分析》，北京：世界知识出版社 1996 年版，第 35 页。

② 姚立：《建立信任，共谋和平与发展》，《光明日报》2008 年 7 月 15 日。

影响为由，推迟了双方协定的签署。作为伊朗在阿拉伯世界唯一的“铁杆盟友”，叙利亚也开始公开指责欧盟在伊朗问题上的干涉行为。叙利亚外长穆阿利姆呼吁欧洲国家不要干涉伊朗内政，他认为外部干涉伊朗内政将损害伊朗人民的利益，并对未来美国同伊朗可能进行的对话产生不利影响。此外，叙利亚不断向黎巴嫩真主党提供武器，并公开支持其对抗以色列。据英国《泰晤士报》报道，黎巴嫩真主党将大量武器装备从叙利亚境内的秘密军火库运至黎巴嫩，其中包括地对地导弹等先进武器，英国安全部门消息称，叙利亚一直在秘密武装黎巴嫩真主党。2010 年 4 月，以色列国防部长巴拉克警告称，叙利亚正向黎巴嫩真主党提供飞毛腿导弹，这种武器更加精确，射程更远，对以色列的城市威胁进一步增加。这场“导弹危机”迅速激化了叙利亚和以色列间的矛盾，而中东局势的骤变更让欧盟苦心经营的“地中海联盟”形同虚设。

欧盟已经对阿萨德种种暴冲行为深感不满，而“阿拉伯之春”① 似乎让欧盟找到了一个可以规范和惩罚叙利亚的机会。2011 年 3 月中旬，叙利亚的德拉市首先爆发大规模抗议政府的活动，游行示威者希望阿萨德政府能够加快改革步伐，改善民生、提高工资、增加就业。当一些年轻示威者被警察逮捕后，抗议活动愈演愈烈。很快，叙利亚国内大部分城市开始掀起政治运动，国外势力也伺机不断渗透和煽动，在短短几天时间里，抗议活动逐渐演变成了推翻阿萨德政权的政治运动。面对一再失控的动乱局势，政府当局做出积极回应，承诺改革并废除了长达 48 年之久的“紧急状态法”。

但这已经无法扭转紧张的局势，因为“紧急状态法”的废除更彻底解脱了民众上街抗议游行的束缚，使得原有的恐惧和畏惧心理也不复存在，全国各地相继爆发了大规模的抗议活动和暴力冲突。为了控制住局面，政府开始动用共和国卫队在内的安保力量对一些抗议激进分子进行强力回击。面对叙利亚的动荡局势，欧盟以实施经济制裁来威胁阿萨德政府停止暴力镇压。但事态已经无法控制，暴力冲突开始向内战演变，就在叙利亚

---

① 阿拉伯之春是阿拉伯世界的一次革命浪潮。2010 年发生在突尼斯的自焚事件是整个“阿拉伯之春”运动的导火索，这场革命运动浪潮随后波及埃及、利比亚、也门、叙利亚、巴林、阿尔及利亚、约旦、沙特阿拉伯、伊拉克、阿曼、摩洛哥等国家和地区。

政府军动用坦克镇压抗议活动后不久，欧盟于 2011 年 5 月 9 日正式通过了经济制裁叙利亚的有关决议。

欧盟对这个地处阿拉伯世界“心脏地带”的核心国家运用经济制裁手段的直接目标就是要停止冲突、逼迫阿萨德政权下台。虽然在第一轮制裁时，欧盟出于对形势的判断有意采取试探式的做法，并没有将阿萨德列入制裁名单中。而是将制裁目标设定于促使叙利亚领导者立即改变政策、终止暴力，启动真正而全面的改革。然而从第二轮制裁开始，阿萨德本人也被列为制裁对象，随后欧盟开始逐渐公开表示要求阿萨德下台，推动叙利亚民族和解并建立一个民主政府。

在欧盟看来，中东国家的法制、非民主的决策不仅影响着公民的政治权利，同时也对其国家经济产生冲击，仅依靠经济改革难以实质性地改变现状，缺乏安全和开放的政治气候就不可能有市场经济。[①] 欧盟要以“阿拉伯之春”为契机，通过采取经济制裁的方式来实现其助推叙利亚“内生型”政治发生彻底变革的目的，不仅要让叙利亚不再成为影响欧盟促进中东和平进程的干扰因素，而且要进一步促使叙利亚走向欧盟所认可的自由、民主和市场经济的道路。显然，推翻阿萨德政权就是实现以上所有目标的第一步，也是最为关键一步。

二、欧盟“针对性制裁”的内容

在制裁叙利亚的问题上，欧盟从一开始就采取了有针对性的制裁政策。与欧盟过去的制裁方式不同，近年来欧盟基于以往制裁行动中所获得的经验和教训，使其更愿意选择有针对性的制裁形式。制裁不再针对整个国家进行贸易禁运，而是将制裁对象集中于个人及非国家实体上，其制裁的措施也主要围绕武器禁运、旅游禁令和金融制裁等形式展开。例如，禁止欧盟成员国向目标对象国个人、团体及政府出售用于提升其军事能力的武器及相关设备和技术，禁止欧盟成员国向一些特殊身份的人员发放入境签证，对一些人员或实体在欧盟的资金和金融交易进行严格的限制，对于

① 周弘主编：《欧盟是怎样的力量》，北京：社会科学文献出版社 2008 年版，第 110－120 页。

一些特殊的商品、服务和技术进行针对性的限制等。

相比欧盟以往的制裁记录，其对叙利亚的制裁动作非常迅速。2011 年 5 月 9 日，欧盟一致通过了第 442（2011）决议对叙利亚实施了首轮制裁。制裁的内容包括对叙利亚实施武器禁运，对 13 名人员实施资产冻结和旅旅禁令，制裁名单中均为直接指挥和参与镇压的叙利亚官员，其中就包括巴萨尔的弟弟马希尔·阿萨德、叙利亚内政部长以及情报局负责人等。显然，欧盟旨在将制裁对象对准叙利亚的精英阶层，以此来向巴萨尔政权施压逼其做出让步，结束国内的暴力冲突。

从 2011 年 5 月到 2016 年 5 月这五年时间里，欧盟对叙利亚共实施了多轮的针对性经济制裁行动，虽然当时有学者撰文称对叙利亚的制裁可能会证明“针对性制裁”是起作用的。① 然而随着时间的推移，这一判断成为一种不切实际的幻想。但有一点值得肯定，不论制裁的实际效果如何，仅从制裁的形式上看，欧盟对叙利亚的经济制裁的确体现了“针对性”三个字。

第一，欧盟希望通过武器禁运的方式对叙利亚政府镇压民众抗议进行惩罚，期望能够有效地限制住阿萨德政权的军事能力。在首轮经济制裁中，欧盟就要求其成员国禁止向叙利亚供应、运输或出口武器及与其相关的所有材料，包括弹药、军用车辆和设备、军事装备等。在 2012 年 7 月，欧盟理事会在武器禁运方面又新增了内容，即如果成员国前往叙利亚的船只和飞机被怀疑可能运输武器及设备时，各成员国必须要对其严格检查。此外，成员国禁止为对叙武器出口提供相应的拨款、信用保险和技术援助。由于一系列措施的实施，使得这一领域的制裁力度一直得以维持，然而随着叙利亚冲突逐步演变成为内战且毫无扭转迹象时，欧盟内部在武器禁运上出现了明显分歧。

法国和英国坚持认为，解除武器禁运将有助于平衡冲突双方的实力，而德国、荷兰、奥地利等多数成员国则认为这无益于化解叙利亚内部双方的军事冲突。但在 2013 年 2 月 28 日，欧盟最后采取了折中的方案，通过

① Bama Athreya, Syria May Prove that Smart Sanctions Work and Revive Interest in Economic Leverage as an Important Instrument in Diplomacy, http://endgenocide.org/syria-may-prove-that-smart-sanctions-work-and-revive-interest-in-economic-leverage-as-an-important-instrument-in-diplomacy/.

了对武器禁运有条件解除的政策，即该轮制裁到期后，武器禁运将不再纳入制裁措施中。这就预示着各成员国今后在是否向叙利亚反对派提供武器及相关设备的问题上可以自行决定。

第二，资产冻结也是欧盟对叙利亚实施针对性经济制裁措施中的重要一环。欧盟从一开始就将资产冻结这一金融手段运用到对叙利亚的针对性制裁政策中，希望通过这一方式来尽可能地削弱叙利亚政府对反对派采取镇压行动的资金支持能力。冻结资产清单列表中不仅包括阿萨德本人，还有其家族成员、亲信以及支持其政权的个人和实体等都陆续地被欧盟列入其制裁对象中。由于在经济制裁前，叙利亚与欧盟的投资与经贸合作关系一直相对紧密，一些政治精英大多在欧盟存有一定的资产，部分企业实体的市场也主要依赖于欧盟。国际货币基金组织（IMF）在2010年3月发表的一份报告中写道，叙利亚政府每年出口石油和天然气的收入额高达21亿欧元，[①] 因此，资产冻结将直接影响叙利亚与欧洲市场的贸易结算，贸易收入也因此会相应降低。欧盟在多轮经济制裁中不断增加冻结资产清单中的个人和实体，截至2015年12月，这份名单中已有205名个人和69家实体。[②]

第三，欧盟在旅游禁令方面的制裁同样以清单的形式向外界公布。旅游禁令的矛头直接指向参与国内镇压或支持阿萨德政权的一些高级官员和精英。相比欧盟对利比亚、朝鲜、伊朗等国的经济制裁，此次对叙利亚在旅游禁令方面的制裁，无论从制裁的频率还是从制裁对象的覆盖面来看，均远超以往的制裁范围。由于欧盟禁止成员国以任何理由向清单中的个人发放赴欧盟的签证，为此，对阿萨德家人的旅游禁令使得其母亲被禁止入境欧盟，导致其无法继续前往德国就医，最终病情恶化而去世。在2012年10月，欧盟在卢森堡会议上继续要求其成员国禁止叙利亚各航空公司在各成员国领域内飞越或降落，此举更间接地限制了叙利亚政治及商业精英的出行。

---

① EU：Freeze Assets of Syrian Oil and Gas Companies，https：//www. hrw. org/news/2011/08/16/eu-freeze-assets-syrian-oil-and-gas-companies.

② Council Implementing Decision（CFSP）2015/2359 of 16 December 2015 implementing Decision 2013/255/CFSP concerning restrictive measures against Syria，http：//eur-lex. europa. eu/legal-content/EN/TXT/？uri=uriserv：OJ. L_ . 2015. 331. 01. 0026. 01. ENG&toc=OJ：L：2015：331：TOC.

第四，欧盟也对叙利亚采取了石油禁运的制裁措施。叙利亚已探明的石油储量为25亿桶，每天生产40万桶，除自用以外，在经济制裁前叙利亚每天出口石油约15万桶。而欧盟成员国则是叙利亚石油的最大买家，叙利亚出口原油的95%以上都出口到欧洲（参见图7.1）。德国是叙利亚原油出口的第一对象国，叙利亚有32%的原油出口到德国。此外，排在前六位的还有意大利、法国、荷兰、奥地利和西班牙。

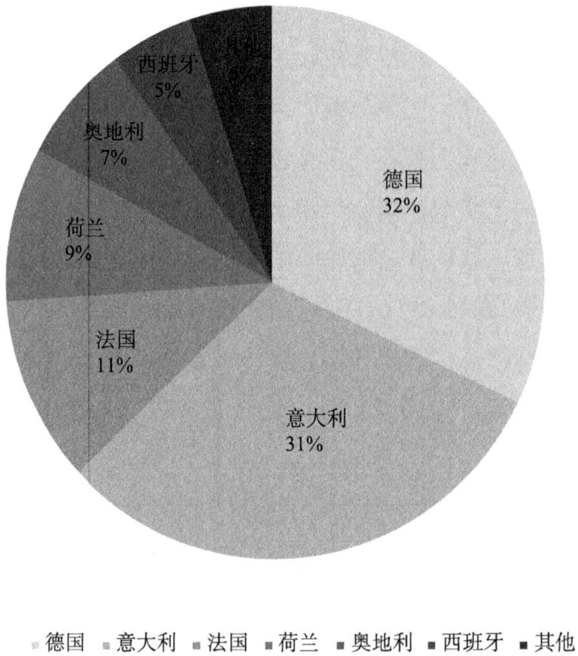

图7.1　2010年叙利亚原油出口对象国

数据来源：Source: U.S. Energy Information Administration, Syria Country Analysis Brief.

原油出口收入是叙利亚政府的重要外汇收入来源之一。经济制裁前这一领域收入占叙利亚总收入的25%左右。按照2010年的数据计算，如果欧盟对叙利亚实施石油禁运，那么这会影响到叙利亚约45亿美元的出口收入。为此，欧盟希望通过石油禁运措施来有效地切断阿萨德政权的资金来源，从第6轮针对叙利亚的制裁开始，石油禁运被纳入欧盟对叙利亚的制裁措施中。

这是欧盟首次针对叙利亚石油工业进行的制裁措施。欧盟在第878（2011）决议中要求各成员国禁止从叙利亚进口原油及相关产品，并对涉及以上产品的融资和保险业务同样给予禁止。这对依赖石油出口换得外汇收入的叙利亚而言，相当于切断了叙利亚的一项重要的资金来源。受此政策的影响，欧盟多个国家的石油公司陆续停止在叙利亚的石油生产及相关业务。虽然叙利亚政治分析人士认为欧盟的石油禁运政策是“政治意义大于经济意义”。① 然而，石油禁运政策从2011年9月开始一直持续到2013年4月，其中欧盟以帮助叙利亚平民和支持叙利亚反对派为由部分解除了石油禁令。但阿萨德政权所控制的地区并不属于被解除禁运的对象，实际上仍属于被制裁的地区。

表7.1 欧盟“针对性制裁”叙利亚的全过程事件表

次数	欧盟决议/会议	时间	主要决议内容	叙利亚的态度
第1轮	No. 442	2011年5月9日	决议自即日起禁止向叙利亚供应或出口武器及军用设备，禁止向其提供技术援助和支持。冻结13名叙利亚官员资产并对这些人实施旅游禁令	拒绝、谴责
第2轮	No. 504	2011年5月23日	决议扩大对叙利亚资产冻结制裁的范围，其中包括巴萨尔及多名内政及国防高官共计23名	无积极回应
第3轮	No. 611	2011年6月24日	继续扩大制裁范围，其中包括7名个人及4家实体	拒绝
第4轮	No. 755	2011年8月1日	资产冻结名单增加5名政府及军方官员	无积极回应
第5轮	No. 843	2011年8月24日	同意扩大其对叙利亚的制裁范围，新增15名个人和5家实体	拒绝
第6轮	No. 878	2011年9月3日	决定采取石油禁运的方式进行制裁，禁止欧盟成员国向叙利亚进口原油及石油产品，禁止向叙利亚提供与石油产业相关的融资和保险服务	拒绝外国干涉
第7轮	No. 1143	2011年10月14日	对叙利亚商业银行进行制裁，制裁名单新增3名个人	—

① 专家认为欧盟石油禁运制裁对叙利亚经济影响不大，新华网，http://news.xinhuanet.com/2011-09/04/c_131096395.htm。

续表

次数	欧盟决议/会议	时间	主要决议内容	叙利亚的态度
第 8 轮	No. 1150	2011 年 11 月 14 日	禁止欧洲投资银行向叙利亚支付任何款项，暂停向其提供的所有技术援助服务合作	—
	No. 1151	2011 年 11 月 14 日	扩大其对叙利亚的制裁范围，新增 18 名个人	—
第 9 轮	No. 1244	2011 年 12 月 2 日	扩大对叙利亚石油及金融领域的制裁，12 名个人及 11 家实体被列入制裁名单中。禁止欧盟企业在叙新建电厂，禁止出售油气设备以及通讯类软件和硬件设备	—
第 10 轮	No 36/2012	2012 年 1 月 18 日	制裁名单新增 22 名个人和 8 家公司	—
第 11 轮	No 55/2012	2012 年 1 月 23 日	制裁名单新增 22 名个人和 8 家为叙利亚提供资金支持的实体	拒绝接受，停止装卸出口原油
第 12 轮	No 168/2012	2012 年 2 月 27 日	对叙利亚中央银行实施制裁，禁止与其进行黄金、贵金属交易，并冻结其在欧盟的资产。禁止叙利亚货运飞机在欧盟成员国降落，制裁名单新增 7 名个人	—
第 13 轮	No 266/2012	2012 年 3 月 23 日	制裁名单新增 12 名个人和 2 家实体，阿萨德的家人被纳入其中（制裁人数累计 126 人，实体累计 41 家）	—
第 14 轮	欧盟外长会议	2012 年 4 月 24 日	既有的禁运清单中增加可用于镇压反对派的设备和技术，禁止成员国向叙利亚出口奢侈品	—
第 15 轮	No 410/2012	2012 年 5 月 14 日	制裁名单新增 3 名个人和 2 家实体，其中包括叙利亚央行行长	—
第 16 轮	No 545/2012	2012 年 6 月 25 日	制裁名单新增 1 名个人（匿名）和 6 家实体，并对现行武器禁运条例进行了修正	—
第 17 轮	No. 673/2012	2012 年 7 月 23 日	加强对叙利亚的武器禁运，在成员国所管辖的空港和海域内对可能违法禁运政策的飞机或船只进行检查	—
第 18 轮	No. 742/2012	2012 年 8 月 16 日	1 家实体被列入制裁名单中	—
第 19 轮	No. 944/2012	2012 年 10 月 15 日	禁止叙利亚航空飞越欧盟领空，制裁名单新增 28 名个人和 2 家实体	—
第 20 轮	No. 1117/2012	2012 年 11 月 29 日	制裁名单新增 4 名个人和 3 家实体	不履行解除武装的义务

续表

次数	欧盟决议/会议	时间	主要决议内容	叙利亚的态度
	欧盟理事会会议	2013年2月28日	欧盟理事会决定将制裁延长3个月至6月1日。此外，欧盟放松了武器禁运的限制，允许向反对派提供非致命类军事设备及技术以提升其对叙利亚人民的保护能力	
第21轮	2013/186/CFSP No. 363/2013	2013年4月22日	为帮助普通民众和反对派，欧盟决定解除对叙利亚石油领域的制裁，允许叙利亚出口石油（针对叙利亚反对派所控制的区域）	拒绝
	欧盟理事会会议	2013年5月31日	欧盟理事会决定现行对叙利亚制裁措施到期后，将解除对叙的武器禁运措施，此外将制裁延长至2014年6月1日。这一年间将继续冻结包括179名个人及54家实体在欧盟的资产，并对以上人员维持旅行禁令。①	
第22轮	No 693/2014	2014年6月23日	制裁名单新增12名个人	
—	欧盟理事会会议	2014年5月29日	欧盟理事会决定将制裁延长至2015年6月1日②	—
—	欧盟理事会会议	2015年5月28日	欧盟理事会决定将制裁延长至2016年6月1日③	—

数据来源：根据欧盟各项制裁决议整体整理而成，参见欧盟法律条文信息库 http：//eur-lex. europa. eu/homepage. html。

第二节　欧盟“针对性制裁”措施的实际效果

一、“针对性制裁”的效果

欧盟对叙利亚的多轮经济制裁实际上对后者的经济发展造成了严重的冲击。叙利亚在2011年至2015年，国内生产总值平均每年下降约

① http：//eu-un. europa. eu/articles/en/article_ 13584_ en. htm。

② http：//www. consilium. europa. eu/uedocs/cms_ Data/docs/pressdata/EN/foraff/142976. pdf。

③ http：//www. consilium. europa. eu/en/press/press-releases/2015/05/28-syria-sanctions/。

15.4%。叙利亚政策研究中心的统计数据显示，从2011年到2015年，叙利亚国内贸易额至少损失了9670亿叙利亚镑，占到国内生产总值总损失的23.2%；政府服务部门损失超过6600亿叙利亚镑，占比15.9%；矿业开采损失6300亿叙利亚镑，占比15.2%；交通、通信损失5850亿叙利亚镑，占14.1%；农业损失4830亿叙利亚镑，占比11.6%；金融和房地产损失2360亿叙利亚镑，占比5.7%。① 制裁已经让叙利亚的经济萎缩了约50%，导致叙利亚国内生产部门几乎停滞，外贸赤字创历史新高，国家预算赤字已经超过国内生产总值的一半，公共债务额高达国内生产总值的125%。根据指标衡量，叙利亚因内战和承受制裁使得自身经济倒退了40年。

制裁导致叙利亚与欧盟的双边贸易几乎中断。在实施经济制裁前，欧盟是叙利亚第一大贸易伙伴。在石油领域，叙利亚与欧盟一直保持着密切的贸易往来。然而，从2011年欧盟对叙利亚实施经济制裁后，双边贸易急速下滑，尤其是2012年，叙利亚对欧盟出口跌幅高达91.5%。举一个有代表性的例子，2010年叙利亚对欧盟出口达到历史最高值36亿欧元，而到了2014年，受制裁影响，叙利亚对欧盟出口仅为8900万欧元（参见图7.2）。

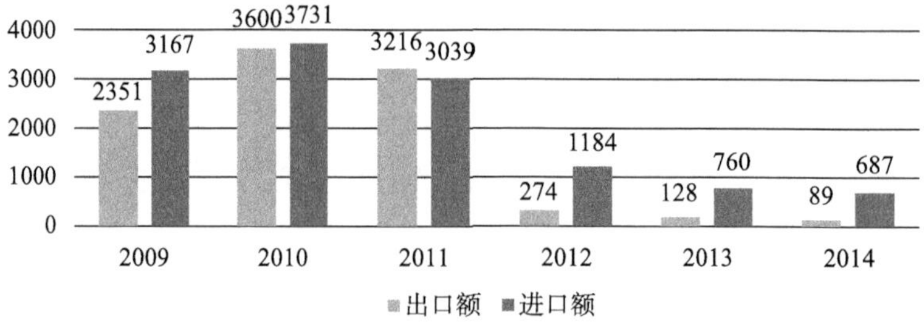

图7.2　2009—2014年叙利亚与欧盟双边贸易额（单位：百万欧元）

数据来源：根据欧盟官网统计数据整理而成，参见 http：//ec.europa.eu/trade/policy/countries-and-regions/countries/syria/。

① Sector structure of estimated total GDP loss 2011—2015，http：//scpr-syria.org/publications/sector-structure-of-estimated-total-gdp-loss-2011-2015/.

制裁导致叙利亚与欧盟的贸易交易地位急速下滑。2010 年，叙利亚与欧盟贸易额在欧盟贸易伙伴中排名第 54 位，虽然这一排名已经十分靠后，然而经过几年的制裁影响，2015 年叙利亚在欧盟贸易伙伴中的排名跌至 129 位。其中出口额位置下跌幅度竟高达 83 位（参见表 7.2），按照统计数据显示，叙利亚对欧盟出口额总量甚至比尼泊尔对欧盟出口总量还要低。

表 7.2　叙利亚与欧盟进出口贸易在欧盟的排位变化表

年份	进口额排位	出口额排位	贸易总额位次
2010	53	52	54
2011	57	57	58
2015	119	135	129

数据来源：http：//trade. ec. europa. eu/doclib/docs/2006/september/tradoc_ 122529. pdf；http：//trade. ec. europa. eu/doclib/docs/2006/september/tradoc_ 122530. pdf。

此外，石油禁运也直接导致叙利亚石油大幅度减产。2011 年 5 月叙利亚日产石油 34. 5 万桶，而到了 2013 年 6 月，其产量则降至每天日产 7. 1 万桶，降幅高达 80%①。制裁效果并未就此终止，到 2015 年，叙利亚日产石油的数据仅为每天 4 万桶。不难看出，经济制裁使得叙利亚丧失了欧盟这个最大的买家，叙利亚不仅无法继续与欧盟各成员国进行石油交易，同时在石油领域也无法继续获得任何来自欧盟的信贷、金融贷款以及保险服务。

制裁以及国内动乱使得叙利亚在能源资源的勘探、开发和运输能力大幅下降，石油、天然气管道和输电网络遭到严重破坏。虽然欧盟在 2013 年部分解除了对叙利亚的石油禁运措施，但由于叙利亚的主要港口和石油管道仍然掌握在政府军手中，针对反对派所控区域的石油例外政策并没有给叙利亚石油出口予以复苏的动力。据美国能源信息管理局（EIA）的数据，2014 年 1 月叙利亚的原油产量降到每天 25000 桶，创近三十年新低，且石油产量也主要来自非叙利亚政府控制的区域。

① Energy Information Administration，International Energy Statistics，Syria，Production of Crude Oil including Lease Condensate.

二、各方对经济制裁叙利亚的态度

叙利亚问题原本是一个国家的内政问题，然而随着局势的动荡以及外部势力的强势介入，这一问题被逐渐推到了国际政治斗争的风口浪尖。相比在解决利比亚问题上一些国家所采取的军事干预行动，在对待叙利亚危机上，各方均没有过多军事介入的意愿。因此，相对和平的经济手段和政治外交手段则成为可用于解决叙利亚问题的主要方式。但在选择解决叙利亚危机的方式上，各方出现了分歧，美国、阿盟、土耳其与欧盟主张对叙采取经济制裁手段施压，而俄罗斯、中国、伊朗等国家则希望以政治和谈的方式来化解叙利亚危机。

美国的态度非常明确，非常支持对叙利亚实施经济制裁。因为对于美国而言，经济制裁叙利亚早在 2004 年就已经开始，此次叙利亚危机的最大收益是让美国获得了更多的制裁盟友。叙利亚问题从美国的视角来看早已不是国家“民主化”的问题，在美国发动伊拉克战争后，叙利亚由于坚定地站在伊拉克一边而彻底激怒了小布什政府。2004 年 4 月 29 日，白宫公布 2003 年全球恐怖主义形势报告，叙利亚等 7 国被列为支持恐怖主义的国家。5 月 11 日，小布什总统以叙利亚支持恐怖主义为由对其实施了名为“国家紧急状态”的经济制裁。从此，美国和叙利亚的商品贸易几乎中断，美国企业被禁止在叙利亚进行任何形式的投资，同时叙利亚政府在美国的资产也遭到冻结。

在奥巴马政府时期，虽然美叙双方政府间互动开始增多，关系有所缓和，但美国仍认为叙利亚政府在一些问题上的强硬政策依然对美国的国家安全构成重大威胁，因此美国对叙利亚的经济制裁丝毫没有松懈。在叙利亚危机爆发后，对于欧盟对叙利亚的经济制裁，美国给予了大力的支持和积极的配合。美国陆续增加了与欧盟相呼应的对叙制裁措施，2012 年 4 月 23 日，美国更与欧盟同日宣布继续扩大对叙利亚的经济制裁的行动。

此外，美国也公开支持欧盟等一些国家在安理会提交的制裁叙利亚草案，在制裁的诉求上明确要求阿萨德政权下台。为了进一步巩固本国利益以及扩大合作范围，美国更希望通过经济制裁的方式与欧盟联手，合力推翻阿萨德政权，进而使得叙利亚在外交上彻底放弃与伊朗、俄罗斯的结盟战略，将其改造成为更加符合美国中东利益的国家。

与美国主动推动对叙利亚经济制裁不同，作为地区性组织，阿盟虽然最终也选择用经济制裁的方式来解决叙利亚危机，但阿盟最初并未主动介入这一问题。在叙利亚出现内乱后，由于阿萨德没有主动向阿盟提出调解国内矛盾的申请，所以阿盟起先并不愿意积极地介入，只是发表声明谴责叙利亚政府的暴力镇压行为。因此在欧盟采取经济制裁的方式介入叙利亚问题后，阿盟也没有做出具有倾向性的回应。

然而，随着叙利亚局势的不断恶化，阿盟开始进行多方斡旋。在叙利亚政府拒绝履行阿盟提议的“阿拉伯工作计划”后，阿盟最终于 2011 年 11 月 12 日通过第 7438 号决议开始对叙利亚政府实施经济制裁，同时阿盟也终止了叙利亚的成员国资格。不仅如此，阿盟积极配合法国、英国、德国在安理会提交制裁叙利亚的草案，与欧盟国家共同讨论如何提高对叙利亚制裁的有效性。德国外长威斯特威勒曾称，阿盟对叙利亚的制裁是历史性的，欧盟应讨论加强与阿盟的合作，使彼此的制裁措施能够更加同步。尽管阿盟在叙危机的化解上不断做出努力，即通过派遣观察团，为叙利亚冲突各方和解创造合谈空间，通过为叙利亚难民提供更多的人道主义救援，但其结果也并没有从根本上缓和叙利亚的局势。①

相比美国、欧盟、阿盟等选择以经济制裁的方式来解决叙利亚问题，中国、俄罗斯等国则更加倾向于通过政治和谈缓解叙利亚的紧张局势。在叙利亚问题上，针对欧盟对叙利亚实施经济制裁，中国外交部发言人在例行记者会上回应称，中国政府的态度始终明确，即坚持认为以政治对话来化解叙利亚各方的分歧、维护这一地区的和平与稳定是妥善处理叙利亚问题的正确途径，叙利亚问题应该由叙利亚人自己去解决，不应由外界干涉。② 此外，针对欧盟国家推动安理会对叙利亚制裁决议的表决上，中国以两次反对票表明了中方对于制裁叙利亚态度。中国驻联合国大使在回应各方质疑时指出，当前形势下，制裁或威胁使用制裁不利于叙利亚问题的

① 陈娟：《阿盟介入叙利亚危机的影响分析》，《阿拉伯世界研究》2015 年 3 月第 2 期，第 76 页。

② 参见 2011 年 5 月 24 日外交部发言人姜瑜举行例行记者会发言内容。

化解，反而会使得叙利亚局势更加复杂化。① 同时，中国政府对包括法国、英国在内的提案国没有充分考虑叙利亚实际情况而一味谋求更为严厉的制裁行为表示遗憾和失望。中国政府始终认为政治解决叙利亚问题是唯一现实可行的途径，对于欧盟与美国总以阿萨德下台为谈判的前提条件持反对意见。中国政府反对任何人借“人道主义”问题之名行干涉叙利亚内部事务之实，不赞成强行推动所谓“政权更迭”，认为制裁或威胁使用制裁无助于问题的妥善解决。②

相比中方的态度而言，俄罗斯同样支持以政治途径解决叙利亚问题。2011 年 5 月，在欧盟刚刚制裁叙利亚不久，一些国家就希望将叙利亚议题提交到安理会表决。然而在八国集团峰会上，俄总统梅德韦杰夫坚决反对将当前的叙利亚问题提到安理会层面去讨论。此外，对于欧盟抛出阿萨德必须下台的议题，俄罗斯也给予坚决反对，并称不能容忍各国干预叙利亚内政。作为叙利亚的传统盟友，俄罗斯一直在叙利亚问题上坚守一道红线，即反对制裁，反对军事禁运，更反对外部力量诉诸武力。③ 因此，在西方国家力推安理会投票表决经济制裁叙利亚的问题上，俄罗斯毫无意外地以反对票表明其立场。对于西方所实施的经济制裁，俄罗斯驻联合国代表丘尔金认为，制裁正在对无辜的叙利亚民众产生十分严重的负面影响，俄罗斯仍然坚决反对制裁叙利亚，支持通过政治途径解决叙利亚问题，各国不应该在这一过程中偏向任何一方。

三、叙利亚人道主义危机的持续恶化

欧盟对叙利亚有针对性的制裁或称之为“聪明制裁”的实践中并没有发挥出与之名称相对应的效果。欧盟对叙利亚所实施的经济制裁主要围绕武器禁运、资产冻结、金融限制、石油禁运、旅行禁令等内容展开，在制裁对象的选择上主要针对个人和实体，因此，这类经济制裁常常被贴上

---

① 李保东在安理会表决叙利亚问题决议草案后的发言，http：//news. xinhuanet. com/world/2011-10/05/c_ 122120504. htm。

② 参见中国政府在第 67 届联合国大会中发表的中方立场文件第十一项及叙利亚问题的部分。

③ 《俄罗斯缘何力挺叙利亚》，《光明日报》2012 年 02 月 04 日，第 08 版。

“聪明制裁”的标签。“聪明制裁”的实质内涵就在于有针对性、有选择性地制裁，从技术层面上降低制裁所造成负面伤害的同时，更能有针对性地对那些当权者进行严厉的惩罚。

经济制裁一方面削弱叙利亚政府的统治能力、军事实力，而另一方面却公开支持反对派，使得反对派借机不断做强做大。面对“阿拉伯之春”席卷中东之势，欧盟希望通过经济制裁手段来对其后院所发生的一系列政治运动进行干预，在短短不到一年的时间里，欧盟对叙利亚的经济制裁决议以惊人的速度不断通过。然而在随后的制裁过程中，欧盟却开始逐步取消石油禁运、放宽金融限制，甚至部分解除武器禁运等措施。一系列制裁政策的调整并不是向叙利亚当局表达善意，营造各方可政治谈判的氛围，也不是因为阿萨德做出了实质性的妥协或表达了可预期、可信任的积极承诺。欧盟之所以开始部分解除经济制裁措施，其政策调整背后的关键原因在于，欧盟开始有计划、有步骤地通过实际行动来支持叙利亚反对派，不仅使其能够长期通过石油出口来获得更多的资金支持，而且通过解除部分经济制裁对象，给欧盟自身向反对派提供武器装备解除了禁锢。

对于欧盟的这一做法，叙利亚官方回应称，这一做法严重阻碍国际社会通过政治手段解决叙利亚危机，只会暴露法国和英国的“政治虚伪性”，一边保持对叙利亚的经济制裁，一边向叙利亚境内的恐怖分子提供武器，这与欧盟关心叙利亚人民利益的说法是相悖的。①

然而，制裁措施不但没能使巴萨尔政权屈服让步，停止镇压行动，反而由于外国势力的介入，叙利亚内部逐渐演变成了一场叙利亚当局与反对派的武装对抗，冲突自经济制裁实施的那一刻起就再也没有真正意义上的停止。从 2011 年 3 月到 2015 年 12 月 31 日为止，叙利亚的混乱局势已经造成其境内 26 万人死亡，其中有超过 7.6 万名无辜的平民丧生。

国内动乱、经济制裁使得叙利亚人民的生活水平急转直下。2014 年底，有超过 82%的叙利亚人民处于贫困状态，人均收入水平倒退到 20 世纪 60 年代末期。有近 300 万人失去工作，国内失业率高到 58%。根据叙利

① 《叙利亚官方谴责欧盟解除对叙武器禁运》，新华网，http：//news.xinhuanet.com/world/2013-05/29/c_ 115944156.htm。

亚政策研究中心 2013 年的年度报告称，经济制裁共导致叙利亚 87.7 万人生存在贫困线下。城市基础设施建设和公共性服务陷入停滞状态，货币贬值、商品销脱、物价飞涨使得叙利亚人民的生活十分凄惨。叙利亚在 2010 年发布的千年发展目标报告中认为，减少贫困和饥饿，降低孕妇和儿童死亡率是叙利亚社会发展的重要目标之一，受到欧盟制裁影响下的叙利亚，已经站到了悬崖的边缘。

没有充分考虑人道主义措施的经济制裁，不仅没能阻止叙利亚国内的流血事件，反而加剧了国内双方的冲突和对立，造成了叙利亚国内严重的人道主义危机。2016 年伦敦“叙利亚人道捐助会议”所公布的数据显示，这场危机共造成了 25 万人死亡，650 万人无家可归，459 万人背井离乡远逃他国，1350 万人亟待获得人道主义救助。经济状况的不断恶化使得叙利亚损失掉了一代人所取得的发展成绩。当前，叙利亚人均预期寿命要比冲突前减少 20 年，有近三分之二的普通民众正处于极端贫困之中。此外，叙利亚国内的儿童成为制裁过程中较大的受害群体，有大约 560 万叙利亚儿童需要给予照顾，7.2%的儿童存在严重营养不良的状况。毫无讳言，叙利亚当前的人道主义危机已经是 21 世纪最大的人道主义灾难。

第三节　对叙利亚“石油禁运”例外措施的实际考虑及其争议

一、以人道主义为由解除“石油禁运”的真实意图及负面影响

面对叙利亚不断上升的人道主义危机，欧盟决定解除对叙利亚的石油禁运制裁。石油出口收入是叙利亚政府收入的重要组成部分，欧盟的石油禁运政策对叙利亚的经济冲击是显而易见的。然而，在 2013 年 4 月 22 日，欧盟 27 国外长在卢森堡就叙利亚当前局势举行会谈，并在当日下午通过决议，决定减少对叙利亚的制裁措施，其中重要的一项内容就是解除对叙利亚的石油禁运。根据新决议内容，欧盟对叙利亚石油禁运的解除内容包

括：从叙利亚进口石油和石油产品，放开有关石油产业的融资保险，放开石油和天然气领域的技术限制和设备供应，允许欧盟成员国对叙石油产业进行投资。①

相比联合国对伊拉克的“石油换食品计划”，此次欧盟对叙利亚的石油例外措施同样存在诸多问题。欧盟允许成员国从叙利亚进口石油及原油产品，实际上一方面是为了减轻叙利亚平民所承受的制裁伤害，而在另一方面是希望通过这一措施来有效打开支持叙利亚境内反对派的通道。通过解除反对派所控制区域的石油禁运措施，欧盟成员国可以向这一区域提供石油和天然气领域的关键设备和技术，参与这一地区的石油基础设施投资，有效地扶持反对派实力不断壮大。更为重要的一点是，各成员国企业在石油领域投资与交易前必须要与反对派“全国联盟”进行协商并获得其批准，只有满足这一条件合作才能生效。这就如同当年联合国针对伊拉克所实施的“石油换食品计划”中对萨达姆政权的特殊“授权”。事实证明，正是这一特权使得萨达姆能够在石油交易过程中赚得百亿美元，并制造了震惊世界的石油贿赂丑闻。但即便如此，当时的石油例外措施仍然以人道主义考虑为出发点。

然而，此次欧盟解除石油禁运，虽然也可以称之为考虑人道主义而采取的例外措施，但这一例外政策的受益对象仅仅是针对欧盟长期公开支持的叙利亚反对派。欧盟的这一举措，其根本目的在于通过对叙利亚反对派解除石油禁运来进一步塑造反对派合法政府的形象，进而加快“全面联盟”替代阿萨德政权的步伐。

由此可见，对叙利亚石油禁运的部分解除并不是欧盟基于人道主义考虑的例外政策。虽然，欧盟外交与安全政策高级代表阿什顿对于石油禁运解除的解释是由于叙利亚人道主义状况极为严重，因此欧盟理事会决定通过这项决定。② 然而这一计划并没有给深受战火和制裁双重打击下的无辜民众带来任何帮助，反而让叙利亚局势进一步失控。如果说联合国制裁伊

① 《欧盟减少对叙利亚制裁措施以支持反对派》，新华网，http：//news. xinhuanet. com/world/2013-04/23/c_ 115494164. htm。

② Justyna Pawlak and Adrian Croft, EU governments ease Syria sanctions on oil to help rebels, http：//www. unhcr. org/cgi-bin/texis/vtx/refdaily? pass=52fc6fbd5&date=2013-04-23&cat=Europe.

拉克时所实施的“石油换食品计划”是一项制裁中的人道主义例外措施，那么，欧盟对叙利亚实施的石油禁运例外以及随后的武器禁运解除措施，实质上是构成了一个“石油换武器计划”的事实。

“石油换食品计划”即便在实施过程中存在严重的腐败现象，但这一政策设计的初衷是在于减少人道主义伤害，通过有条件的解除石油禁运来换得伊拉克人民所急需的粮食、药品等人道主义物资。相比而言，此次欧盟对叙利亚的石油例外政策并没有针对整个国家，而是仅针对有利于欧盟利益的反对派所控制的区域。此外，虽然欧盟解禁这一地区的石油出口，但并不对石油出口所获资金的最终流向进行监督和干涉，这就意味着反对派完全可以自由支配石油出口所得。也正因如此，反对派并没有将在石油贸易中所赚得的大量资金投入到基础设施重建和人民的物质生活改善上，反而将其用于与政府军对立的军备扩充的开支上。

欧盟对叙利亚部分地区解除石油禁运的做法，使得其内部矛盾更加激化。诚然，这一制裁措施的调整从经济层面上讲可被认为是一个积极的信号，然而从政治层面来看，却清楚地传达出了一个更为重要的讯息，即欧盟对反对派所控制的地区解除石油禁运就是要向各方明确表明，欧盟认为反对派才是具有合法性的一派，即便这会让冲突各方更加对立。

制裁的放宽使得各方开始参与到争夺油井的斗争中来，客观上促成了反对派内部的分裂。各个部落首领开始根据自己的武装实力尽可能地抢占更多的油田，石油出口收入并不会与反对派分享，而是直接转投到了军火交易中。对于这种情况，反对派军事力量叙利亚自由军也束手无策，因为他们也是来自这些部落。[①] 因此，欧盟的石油禁运例外政策表面上对反对派的壮大开启了一扇大门，但事实上并没有凝聚反对派的共识，反而让这一地区的局势进一步失控。

二、各方对欧盟解禁石油措施的反应

对于欧盟别有用心的解禁措施，叙利亚政府表示了强烈的谴责。在欧

① EU´s Misguided Decision to Lift Syria Oil Embargo, http：//www.al-monitor.com/pulse/security/2013/05/eu-decision-lift-oil-embargo-misguided-syria-war.html#ixzz422ru96RH.

盟宣布解除石油禁运的第二天，叙利亚外交部强硬回应称：欧盟允许成员国从反对派手中获得石油，这种做法“无异于是在对叙利亚实施侵略”。为此，叙利亚政府向联合国申诉，表示欧盟允许成员国从反对派控制的区域购买石油，并以排他性交易向“全国联盟”所掌控的石油企业进行投资，这些措施严重违反了不干涉他国内政的原则，欧盟的行为完全是针对叙利亚经济展开的政治阴谋。[①] 另外，欧盟解除反对派控制地区的石油禁运，可能导致叙利亚恐怖组织努斯拉阵线（Jabhat al-Nusra）以及基地组织和其他极端伊斯兰组织加快争夺反对派所控制的油井和运油管线的行动。因为控制了石油、水和耕地，就等于控制住了叙利亚逊尼派地区的咽喉。从当时的情况来看，显然这些会很快落到恐怖组织手中。[②]

因此，从叙利亚政府的角度来看，欧盟对反对派的石油解禁措施，其本质很有可能是在变相地资助基地组织，让叙利亚陷入更严重的内乱中。不断向叙利亚流入的外来资金会让整个局势变得更加不可预见，更加复杂多变，尤其是会让叙反对派更加活跃，更不愿意通过对话解决对抗和冲突，这无疑是在降低政治解决叙利亚危机的可能性，让武装对抗越演越烈。

与叙利亚政府的抗议和担忧相反，叙利亚反对派对于欧盟解除石油禁运政策兴奋不已，因为这给叙利亚反对派带来了通过出口石油壮大实力而赢得战争的希望。[③] 长期的石油禁运措施不仅直接影响阿萨德政府的外汇收入，同时也使得反对派不得不通过走私石油越境交易来换取武装斗争所需的资金。对叙利亚反对派而言，临时政府经过几个月的各方博弈才勉强组建起来，但由于严重缺乏资金的支持，使得其无法维持正常的有效运作。如果想要在不同派系间创建所谓的合法领导，则需要临时政府拥有一定的经济能力。此时的石油出口将是其政府预算的主要收入。因此，对其所管辖地区解除石油禁运无疑是在“雪中送炭”，进而激发了其继续对抗

---

① Syria slams EU move to allow rebels to sell oil, http://thebricspost.com/syria-slams-eu-move-to-allow-rebels-to-sell-oil/#.Vt7zeRV96Uk.

② Julian Borger and Mona Mahmood, EU decision to lift Syrian oil sanctions boosts jihadist groups, http://www.theguardian.com/world/2013/may/19/eu-syria-oil-jihadist-al-qaida.

③ Vivienne Walt, Syria's Opposition Hopes to Win the War by Selling Oil, http://world.time.com/2013/05/01/can-syrias-rebellion-win-the-war-by-selling-oil/.

政府军的斗志。

对于欧盟的石油解禁政策不仅在叙利亚内部存在分歧，国际社会中对欧盟这一制裁政策的调整也有不同的声音。其中最为直接的指责来自俄罗斯，俄方认为欧盟允许其成员国从叙利亚反对派所控制的地区进口石油不利于各方通过政治对话的方式解决当前所面临的危机，欧盟的此次变相支持叙利亚反对派的政策只会加剧叙利亚的紧张局势，同时此举完全是在单方面违反国际法。① 具体而言，它违反了 1962 年联合国第 1803 号决议中所规定的自然资源永久主权之原则，同时也违反了 1981 年 12 月联合国大会文件中所宣称的不干涉、干预一个主权国家内部事务的原则。② 欧盟的做法明显是在袒护反对派，而事实也证明了这一措施让叙利亚内部争斗更加混乱，局势发展也越来越超出了各方的控制。

第四节　欧盟在叙利亚难民危机中的应对

一、难民危机对欧盟的冲击

由于内战与经济制裁的影响使得叙利亚内乱不断、经济萧条，从而导致人民流离失所，大量的叙利亚难民成为制裁各方需面对的现实问题。难民危机是欧盟近些年面临的最大挑战，其中叙利亚难民危机无疑成为这一挑战的根源之一。

近几年来，欧盟经历了金融危机、希腊债务危机、乌克兰危机以及如今的难民危机，欧盟似乎一直处在“危机模式”下而不能自拔。2015 年夏天，面对自二战以来最大规模的难民潮，欧盟的一系列措施和表现似乎预示着它已经难以承其重。战乱、贫穷、经济崩溃使得中东、北非的大量民众铤而走险，一路颠簸涌向欧洲，其中仅叙利亚难民就高达

---

① 《欧盟部分解除对叙石油制裁》，《国际金融报》2013 年 4 月 24 日，第 4 版。

② Gearóid Ó Colmáin，Stealing Syria's Oil：The EU Al-Qaeda Oil Consortium，http：//www.globalresearch. ca/stealing-syrias-oil-the-eu-al-qaeda-oil-consortium/5333657.

400 多万。欧盟一直是难民申请的理想去处，2010 年有 20.83 万难民申请欧盟庇护，2014 年这一数字涨到 56.26 万。然而到了 2015 年，申请到欧盟庇护的人数暴增到 120 万人。仅在 5 年时间里申请人数翻了 6 倍，这是欧盟自成立以来从未遇到过的情况。不少研究者认为这与近几年欧盟在这些地区的干预政策有关，特别是对叙利亚问题的干涉。从难民的结构来看，排在难民首次申请赴欧盟庇护前四位的国家分别是：叙利亚、阿富汗、伊拉克、科索沃（参见图 7.3），其中叙利亚难民就为 35 万，是其他三个国家难民申请人数的总和。可见，叙利亚冲突是此次难民潮涌向欧洲的最大驱动力。

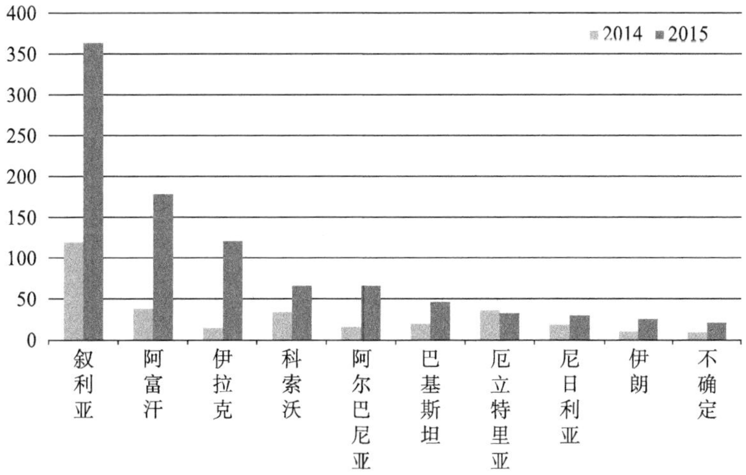

图 7.3　2014—2015 年欧盟接收难民申请数①（单位：千人）

从欧盟统计局所公布的 2015 年各国接受首次申请的难民情况来看，大部分欧盟成员国所接收申请的难民中叙利亚难民所占比例和数量最高。从接收的人数上来看，德国在 2015 年共接收了 44.18 万人申请赴德国庇护，其中 15.87 万为叙利亚人，位居欧盟各成员国之首。随后依次是匈牙利接收 6.41 万人、瑞典接收 5.09 万人、奥地利接收 2.47 万人以及荷兰接收 1.86 万人。仅这五个国家在 2015 年就有 31.7 万叙利亚难民申请。从难民结构的比例上来看，荷兰 43.3%的难民申请来自叙利亚。此外，塞浦路

① 数据说明：通过欧盟统计局公布的数据整理而成，http：//ec. europa. eu/eurostat/statistics-explained/index. php/Asylum_ statistics。

斯、丹麦、西班牙、德国、匈牙利、挪威、瑞典这些国家中叙利亚难民比例均超过30%（参见表7.3）。自叙利亚内乱爆发后，该国难民申请赴欧盟国家庇护的人数直线上升，2010年申请人数仅为3835人，而到了2015年，这一人数已经达到35.68万。

表7.3　2015年叙利亚难民首次申请欧盟主要国家人数情况

	人数	总数	申请国排名	占比（%）
荷兰	18640	43035	1	43.30%
塞浦路斯	910	2105	1	43.20%
丹麦	8580	20825	1	41.20%
西班牙	5720	14600	1	39.20%
德国	158655	441800	1	35.90%
匈牙利	64080	174435	1	35.70%
挪威	10535	30470	1	34.60%
瑞典	50890	156110	1	32.60%
保加利亚	5955	20165	3	29.50%
希腊	3325	11370	1	29.20%
奥地利	24720	85505	2	28.90%
卢森堡	635	2360	1	26.90%
比利时	10295	38990	1	26.40%
瑞士	4650	38060	3	12.20%
捷克	130	1235	2	10.50%
法国	4625	70570	2	6.60%

数据来源：http：//ec.europa.eu/eurostat/statistics-explained/index.php/File:Five_main_citizenships_of_(non-EU)_asylum_applicants,_2015_(number_of_first_time_applicants,_rounded_figures)_YB16.png。

大批难民涌入欧盟，使得一些国家开始担心可能由此引发的负面影响。叙利亚难民问题爆发前，欧盟国家曾就难民问题达成过部分原则性共识。例如，尊重各成员国自身的解难能力，更加积极地帮助包括难民在内的新移民较好地融入当地社会，更加坚决地强化边境管理、共同打击非法移民等。然而，此次难民规模远远超出了当时欧盟的预计，大批难民的涌入很有可能让接收这些难民的成员国面临着诸多不确定性风险与挑战。

首先，这些难民的安置和相关的福利保障会增加政府的财政负担，这使得一些原本就持有严重财政赤字问题的成员国雪上加霜；其次，由于这些难民与欧盟传统价值观和信仰上存在较大差异，因此在当地居民与难民之间很可能会出现一系列的矛盾和对立，如果不能有效化解，极有可能会给社会带来更多不稳定性因素；再次，大量劳动力涌入也会对当地的就业市场造成一定的影响。由于多数难民不具备较好的工作技能和语言能力，因此会短期内提升所在地区的失业率。例如在德国，按照德国中央银行的估计，难民可能会由于缺乏所需技能而面临就业难的问题。据估计，难民抵达德国后 12 个月内的失业率为 70%，抵达第三年后失业率才会下降到 40%。[①]

二、欧盟应对难民危机的内部分歧

不可否认，严峻的叙利亚人道主义危机让欧盟在援助问题上分歧不断。诚然，欧盟是世界上对外援助最大的经济体，其在人道主义援助议题上一直发挥着重要的角色。然而，当面对二战后最严重的人道主义危机时，欧盟也难有强有力的应对措施。叙利亚持久的内乱使得大量难民外移，除了邻国是其暂时可栖居避难的选择外，不少的难民将欧洲作为其最理想的去处。叙利亚难民不断越过叙土边境走陆路进土耳其或乘船走海路进希腊，再继续深入欧洲其他国家。为了应对难民潮，欧盟委员会主席容克在上任后的首份年度“欧盟盟情咨文”中正式提出了一项旨在缓解难民危机的紧急应对方案。希望能够根据欧盟各成员国的经济能力和人口规模实行强制分摊配额接收难民计划。然而，这一计划遭到多个国家的反对，法国、匈牙利、捷克等国更抨击这一强制性办法“不可接受”。为了避免矛盾公开化，欧盟理事会最终放弃了就这一提议进行集体投票的想法。

---

① 《德国央行：难民在德因缺乏所需技能面临就业难》，http：//www. sdpc. gov. cn/fzgggz/jyysr/jqyw/201512/t20151228_ 769195. html。

欧盟主席容克一再呼吁欧盟内部需要更多的团结，但新的难民配额计划还是在欧盟内部引起了激烈的争论。2015 年 9 月 10 日，欧盟议会通过了容克所提出的紧急难民安置计划，以收容来自希腊、匈牙利和意大利的 16 万难民。然而这一计划同样遭到了欧盟一些成员国的强烈反对。英国内政大臣认为这一计划很容易被经济移民所利用，匈牙利总理更称这一计划是欧盟最为疯狂的决定，其政府明确宣布无限期暂停接收难民配额计划，波兰也在巴黎恐怖袭击事件发生后直接拒绝实施欧盟这一难民配额计划。

随着难民潮不断涌向欧洲，在还没找到协调欧盟内部分歧方法的情况下，一些成员国便开始自行采取收紧难民接收的政策。匈牙利在塞尔维亚、克罗地亚边境沿线架设起铁丝网以防止难民大量涌入，希腊政府则将调用军队去协助警察和港口管理者应对从海路而来的大量难民，瑞典政府也通过在边境管控、永久居留证签证等方面的收紧措施来限缩不断增加的难民数量。

众所周知，这些难民中的很大一部分来自饱受战乱和经济制裁之苦的叙利亚，然而对于难民并不持有接纳态度的部分欧盟成员国，甚至开始对难民采取有针对性、激进式的做法。例如，斯洛伐克政府宣布拒绝任何信仰伊斯兰教的难民寻求庇护，而只接受信仰基督教的难民。丹麦政府更是在黎巴嫩的当地报纸上刊登广告，警告在黎巴嫩避难的大批叙利亚难民，称丹麦并不欢迎叙利亚人。此外，丹麦的反难民浪潮更使得个别城市要求所有公共餐厅供应猪肉类饭菜，以此来阻止信仰伊斯兰教的难民选择丹麦为他们的庇护地。难民危机不是一个偶然或突发的问题，受到战乱和经济制裁的叙利亚境内目前仍然有数百万普通的民众流离失所。如果欧盟仍然无法从根本上为叙利亚问题找到出路，那么难民问题也许会长期困扰欧盟，成为不断撕裂其内部凝聚力的一道难以愈合的“伤疤”。

三、难民危机下欧盟的人道主义应对措施

作为直接造成这一危机的参与方之一，欧盟对叙利亚的人道主义援助似乎更为重要。然而，在叙利亚出现人道主义危机后，欧盟首先希望叙利亚的邻国能够在人道主义救援中发挥更大的作用。起初，一

些欧洲官员不断地赴黎巴嫩和约旦进行游说，希望其可以安置更多从叙利亚逃离的难民，以避免这些难民进一步涌向欧洲而对整个欧盟形成巨大压力。例如，欧盟邻国政策和扩大事务谈判委员约翰内斯·哈恩（Johannes Hahn）在对黎巴嫩和约旦进行访问时公开称，欧盟将继续支持黎巴嫩和约旦收留危机中的叙利亚难民，并承诺将致力于发展并深化与两国的双边合作，给予其更多的人道主义援助。同时，欧盟也希望黎巴嫩和约旦能够确保难民获得诸如医疗和教育等最为基本的服务。① 仅 2014 年，欧盟就向黎巴嫩提供了 6700 万欧元的援助，向约旦提供了 1.1 亿欧元的援助。此外，据欧盟委员会人道主义援助和民事保护署在 2016 年 2 月发布的一份叙利亚危机情况说明报告中称，欧盟已经向叙利亚的周边国家诸如黎巴嫩、约旦、伊拉克、土耳其、埃及共提供了超过 50 亿欧元的人道主义援助。②

虽然欧盟不断向叙利亚周边国家提供援助，然而严峻的态势已经远超部分国家的承受能力。其中最为突出的仍是黎巴嫩和约旦两国。2015 年，欧盟又向黎巴嫩、约旦分别提供了 4300 万和 2800 万欧元的人道主义援助款，然而这些援助相对于两国所面临的实际情况无疑是杯水车薪。据联合国难民署 2016 年 2 月的数据显示，截至统计发布时，叙利亚周边国家共吸纳了 478.6 万难民，其中土耳其有 268.9 万，黎巴嫩有 106.8 万，约旦有 63.8 万，伊拉克有 24.6 万，埃及有 11.9 万（参见图 7.4）。③ 对于约旦和黎巴嫩这两个中东小国来讲，数十万甚至上百万的难民已经严重威胁到其社会、经济的正常发展。毫不夸张地说，约旦每 13 个人中有一个是叙利亚难民，而黎巴嫩每 5 个人中就有一个叙利亚难民，这一数据甚至让黎巴嫩成为全球难民比例最高的国家。

---

① EU Steps Up Humanitarian Assistance to Syria Crisis, http://europa.eu/rapid/press-release_IP-15-3883_en.htm.

② 参见欧盟委员会人道主义援助和民事保护署“叙利亚危机”报告，http://ec.europa.eu/echo/files/aid/countries/factsheets/syria_en.pdf。

③ Syria Situation Map as of 29 Feb 2016, http://data.unhcr.org/syrianrefugees/download.php?id=10385.

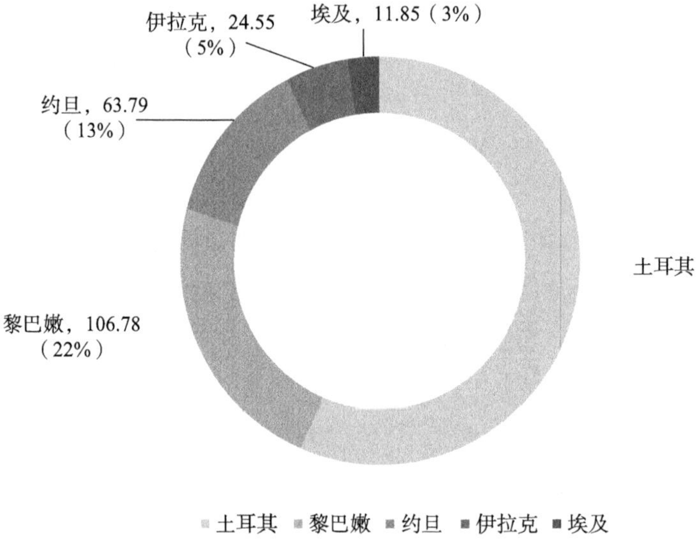

图 7.4　叙利亚难民周边国家分布表①（单位：万人）

叙利亚难民浪潮已经成为欧盟一个非常棘手的社会问题，面对各方在难民配额上的分歧，欧盟又回到了援助邻国的策略上来。2015 年 10 月，欧盟在布鲁塞尔召开峰会时宣布将实施 30 亿欧元的土耳其难民援助计划，这一计划旨在尽可能地避免更多的难民从土耳其入境欧洲。此外，欧盟也宣传要对土耳其公民申请入境欧盟的申根签证上逐渐放宽，同时重新考虑土耳其想要加入欧盟的议题。而作为回报，土耳其除了要实施更严格的边境检查，还要不断改善其境内 200 多万叙利亚难民的基本生存条件，进而使更多的难民更愿意选择继续留在土耳其境内而放弃西进计划。显然，欧盟这种邻国“内部消化”难民计划是其对叙利亚实施人道主义援助计划中的折中之举。

① 数据来源：根据联合国难民署 2016 年 2 月发布的叙利亚难民形势地图数据绘制而成，参见：http：//data. unhcr. org/syrianrefugees/download. php？id=10385。

第五节　人道主义权衡对叙利亚制裁效果的影响评估

一、基于经济层面的评估

从经济层面分析，制裁前欧盟和叙利亚的经济联系十分密切，叙利亚对欧盟的贸易依赖关系显著。欧盟是叙利亚最大的贸易伙伴，2010 年，叙利亚与欧盟双边贸易额占其总贸易额的 22.5%，其次是伊拉克（13.3%）、沙特阿拉伯（10%）、中国（10%）和土耳其（6.6%）。从出口份额来看，2010 年叙利亚向欧盟出口达 43 亿美元，占其总出口额的 37.4%，是第二位土耳其的两倍（参见图 7.5）。而从进口份额来看，2010 年叙利亚从欧盟进口 17 亿美元，占其总进口额的 26.1%，进口额甚至超过了排名紧随其后的土耳其、中国、乌克兰这三国之和（参见图 7.6）。基于以上数据可以说明，叙利亚对欧盟存在较为明显的贸易依赖关系。根据霍夫鲍尔的统计分析，在其认定为制裁成功的所有案例中，被制裁方与制裁国间的贸易量平均约占被制裁国的三分之一。因为有了这一前提，即使制裁措施仅是对贸易中的一小部分构成干扰，那么它也会明确地传达给受制裁国一个重要的信息，即必须改变现行的政策，否则会受到更大规模的惩罚。而比照欧盟对叙利亚的经济制裁，显然在制裁的过程中，欧盟充分运用了叙利亚在贸易上对其存在的依赖关系，通过采取诸如石油禁运等制裁措施来达到制裁惩罚的效果。

正是因为叙利亚在石油出口上严重依赖欧盟市场，使得石油禁运制裁措施一经推出就立刻让叙利亚承受到了巨大的经济损失。叙利亚的石油出口收入占其 GDP 的 20%，石油禁令直接导致其 90%以上的石油及相关产品无法进入欧盟市场。虽然叙利亚政府宣称能够找到替代市场，但具体落实起来并没能如预期所想。2011 年叙利亚向欧盟出口包括石油在内的矿物燃料及相关产品共计 27.28 亿欧元，从 2012 年开始，这一领域的出口因制裁而完全中断。同时，叙利亚在这一领域的进口也从 2011 年的 2.46 亿欧

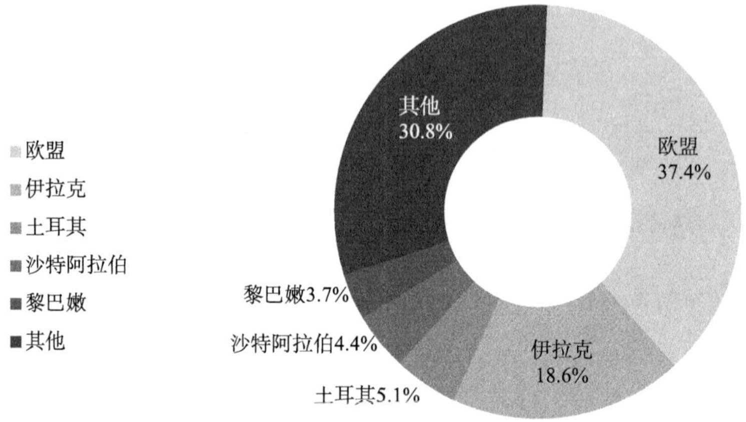

图 7.5　2010 年叙利亚主要出口市场结构占比

数据来源：根据叙利亚中央银行 2010 年贸易数据绘制而成。

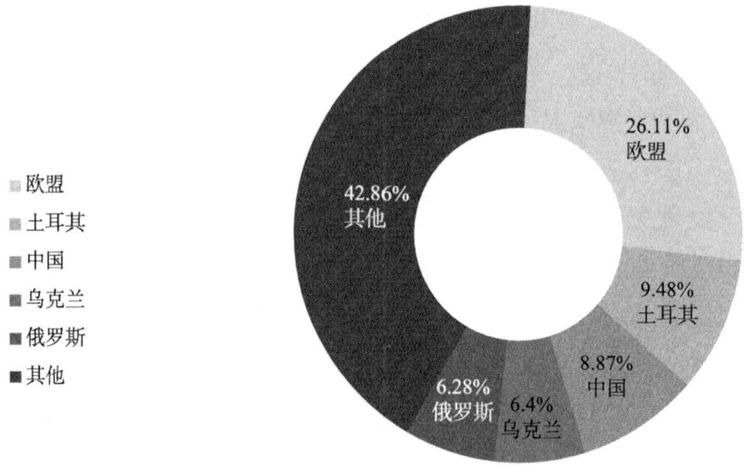

图 7.6　2010 年叙利亚主要进口市场结构占比

数据来源：根据叙利亚中央银行 2010 年贸易数据绘制而成。

元降至 2014 年的 500 万欧元。可见，仅一项石油禁运措施就让叙利亚损失掉了原有贸易额的一半。此外，双边贸易总额也从 2011 年的 62.5 亿欧元降至 2014 年的 7.8 亿欧元，缩水 88%（参见表 7.4）。显然，双方之前的贸易联系成为欧盟制裁叙利亚时非常有用的经济杠杆。

表 7.4　2011—2014 年欧盟与叙利亚粮食和矿物燃料（石油）的进出口情况

	进口额（单位：百万欧元）				出口额（单位：百万欧元）			
	2011	2012	2013	2014	2011	2012	2013	2014
总额	3216	274	128	89	3039	1184	760	687
粮食	34	26	29	15	440	284	364	226
矿物燃料（石油）	2728	0	0	0	246	8	2	5

数据说明：根据欧盟统计局公布数据整理而成，参见 http：//trade. ec. europa. eu/doclib/docs/2006/september/tradoc_ 113451. pdf。

诚然，欧盟所采取的多轮针对性制裁措施从理论上讲是一种既追求有效，同时也希望减少对无辜民众造成负面影响的策略选择。然而，剔除粮食进出口额度外，因经济制裁导致叙利亚与欧盟的贸易损失超过 90%，这几乎与全面的贸易禁运没有什么实质性的区别。因此，在经济损失层面，欧盟的针对性制裁实则已经达到了全面制裁的效果。

此外，欧盟解除石油禁运是基于人道主义与支持反对派的双重考虑，但这种人道主义例外措施只面向叙利亚反对派，而阿萨德政府依然不能向欧盟出口石油。不仅如此，石油禁运的解除会变向鼓励反对派武装去从政府军手中抢夺更多的油田。可以肯定的是，欧盟所采取的一系列人道主义措施并没有实质性的减少叙利亚因制裁而导致的经济损失。

二、基于政治层面的评估

首先，对于制裁目标而言，停止冲突、推翻阿萨德政权始终是欧盟制裁的核心目标。从 2011 年 8 月开始，欧盟除了要求叙利亚当局停止国内镇压外，法国、英国、德国开始接连抛出要求阿萨德下台的要求。随后在 10 月，欧盟外长会议后发表声明，在强硬谴责阿萨德政府对平民的血腥镇压基础上，更首次正式要求阿萨德总统必须下台以实现叙利亚的政治转型。自那以后，欧盟的制裁目标始终围绕推翻叙利亚现有政权这一核心议题。即便在难民危机出现后，这一目标也未曾做出调整。法国总统奥朗德更宣称，阿萨德不下台，叙利亚政治就不可能实现成功过渡，因此就不会有真正的未来。[①] 可见，在叙利亚出现严重人道主义危机后，无论欧盟采取了怎样的人道主义措施，其制裁的目标并不会受到影响。

其次，对于制裁方式而言，欧盟始终采取针对性的制裁措施来向叙利亚施压。针对性制裁相比以往的“全面制裁”被认为是更加聪明的选择，因为它可以避免更大范围的伤害无辜。因此，欧盟采取了武器禁运、石油禁运、资产冻结、旅游禁令等一系列措施。欧盟一直希望制裁措施能发挥积极的效果，能够暂时控制当前各方混战的内乱局面。然而当面对叙利亚人道主义危机，欧盟一方面强调要各方为提供人道主义援助实现停火，但另一方面在政治表态以及制裁行动上却并没有为此做出积极的调整。不仅如此，欧盟对叙利亚反对派的解禁石油禁运和武器禁运的措施反而让叙利亚政府与反对派的军事冲突继续激化。

欧盟调整经济制裁措施是为了提升反对派的实力，迫使叙利亚政府知难而退做出让步，进而有效遏制暴力冲突，以此间接起到降低叙利亚人道主义危机不断恶化的局面。这一制裁措施调整的逻辑在于：当运用武器禁运等制裁措施时，其最先的制裁对象通常是冲突各方，然而这极有可能强化之前各方的实力对比关系。在许多情况下，武装冲突的一大特点就是各方之间存在不对称性的实力结构，如果针对各方进行武器禁运措施，会加剧或固化各方已经扭曲的实力对比关系，这在客观上起到了偏袒一方的效果。[②] 但从实践效果来看，欧盟偏袒反对派的政策使得其更加激进，各方冲突不但没能被遏制，反而愈演愈烈。因此，其制裁方式的调整并不利于制裁目标的最终实现。

最后，对于制裁的执行力而言，欧盟内部因叙利亚人道主义危机的持续恶化已经很难在制裁政策上采取更为“聪明”的做法。在衡量制裁方制裁能力或者执行力时，科特赖特和洛佩兹在《聪明制裁：针对性的经济战略》一书中指出，针对性制裁是否“聪明”的一个衡量标准就在于其制裁

---

① Syria Civil War, Merkel Says Assad Must Be Involved in Syria Peace Talks amid Mounting Tensions, http://www.ibtimes.com/syria-civil-war-merkel-says-assad-must-be-involved-syria-peace-talks-amid-mounting-2111544.

② Arne Tostensen and Beate Bull. Are Smart Sanctions Feasible?, World politics, vol. 54 no. 3, pp. 373-403.

能否最大限度地对目标国决策产生直接影响，最小限度地避免对目标国的普通民众造成伤害。因此，当制裁国“不慎”导致目标国出现人道主义危机时，其应该及时调整制裁政策，以免导致与制裁初衷截然相反的结局。①

然而，欧盟在应对叙利亚人道主义危机时所实施的石油禁运例外措施不但没能降低制裁的负面伤害，反而导致更为严重的灾难性后果。在解除武器禁运、石油禁运的议题上，在应对叙利亚难民危机时的援助议题上，欧盟内部屡屡出现了质疑和反对的声音，分歧的不断出现意味着欧盟在叙利亚问题上的政策执行力受到了不小的冲击。

三、基于国际合作层面的评估

从制裁方来讲，如果能够与其他国际社会行为体在制裁叙利亚问题上达成一致立场的话，那么很有可能会提升制裁的有效性。制裁合作通常要建立在利益或正义基础之上，显然欧盟与美国在制裁叙利亚的问题上拥有更多的利益交集。因此，在美国首次明确要求阿萨德必须下台后，欧盟也随即发表类似声明给予呼应。同样在欧盟对叙利亚实施石油禁运后，美国国务院发言人也表达了美国支持欧盟扩大制裁叙利亚的立场。

而对于阿盟而言，除了宗教因素和地缘政治的考虑外，亲西方势力的利益考量也成为促成阿盟对叙利亚实施经济制裁的原因。因为在阿盟介入叙利亚的过程中，以卡塔尔和沙特等为首的海湾国家在其中发挥着主导作用，掌握了阿盟的话语权。② 中东变局本质上是该地区国家必须经历的政治和社会转型的开始，本应有其自身的发展规律，但是美国、西方及部分阿拉伯国家的误导和介入使这场变局从一开始就偏离了正确方向。③ 欧盟借助经济制裁的方式以“人道主义”和“保护的责任”的名义要求阿萨德停止暴力镇压并主动下台以实现叙利亚的政治过渡，这一做法可被看作是

---

① David Cortright and. George A. Lopez, Smart Sanctions: Targeting Economic Statecraft, New York: Rowman & Littlefield (2002), p2-10. Daniel W. Drezner, Sanctions Sometimes Smart: Targeted Sanctions in Theory and Practice, International Studies Review, 2011, 13, p. 96.

② 陈娟：《阿盟介入叙利亚危机的影响分析》，《阿拉伯世界研究》2015 年第 2 期，第 75 页。

③ 李伟建：《大国政治的悲喜：叙利亚危机启示录》，《人民论坛 · 学术前沿》2014 年 5 月下，第 59 页。

一次典型的外部干涉，其干涉的合法性源自对叙利亚无辜民众的人权保护，这也是欧洲历来拓展自己的民主、自由和人权价值观的一种方式。

在欧盟看来，推翻阿萨德家族在叙利亚的威权统治才能使这个国家拥有安全和开放的政治氛围和市场经济。然而，人道主义干预使得叙利亚局势更加动荡，更为严重的人道主义灾难使得人们不得不对域外国家干预叙利亚的动机产生怀疑。

从观众成本的角度来看，叙利亚人道主义危机的持续恶化使得国际社会在处理叙利亚问题的方式上形成了鲜明的对比。欧盟对叙利亚问题的基本立场从未发生过实质性的变化，即便在叙利亚化学武器事件出现后，欧盟内部仍然认为以经济制裁的方式应对叙利亚问题要远比采取军事打击的方式更为合理。相对欧盟和美国而言，国际社会也有另一种声音，这就是用政治解决来取代经济制裁。例如，中国在叙利亚问题的立场就是始终坚持政治解决这一思路，而俄罗斯也明确反对欧盟和美国通过经济制裁的方式处理叙利亚危机。不同方式可能效果不同，面临的困难和挑战也不相同。

然而，当叙利亚人道主义危机持续恶化后，国际社会包括欧盟在继续谋求扩大对叙利亚的经济制裁上似乎有所止步。欧盟也开始采取在原有制裁措施的基础上不断延长制裁有效期来使之维持在一个稳定的水平。一味追求制裁有效而不计后果势必会引发国际社会对欧盟经济制裁合理性的质疑。即便是采取所谓的“聪明制裁”政策，但在人道主义危机出现后，不及时有效地采取应对措施来降低目标国无辜民众的伤害，无论制裁国如何向国内、国际观众解释其政策的合理性，其都将承受来自国内外人道主义层面观众成本的压力。这样的压力不但不利于寻求更为广泛的国际合作，可能在凝聚内部共识上也会大打折扣。这也是为什么叙利亚三岁男童伏尸土耳其海滩的画面会迫使欧盟内部一些国家不得不改变其先前十分强硬的难民政策之原因。

第八章

结　论

第一节 研究结论

从理论上而言，国际规则的维护可以不再诉诸武力而是通过经济手段加以实现，这原本是世界文明走向更高阶段的一种体现。在 20 世纪前几十年里，政治家和学者们还坚信经济制裁这一对外政策工具可以有效地替代战争手段，因为它比外交手段更有效，比军事手段更人道。然而过去的制裁实践表明，尤其是国际组织发起的多边制裁案例中，看似更加进步、更加灵活、更加可控的政策工具却屡屡给目标国带来严重的人道主义灾难。虽然这一结果并不能作为否定经济制裁实用价值的依据，但确实很值得政策制定者们从工具理性层面回归到价值理性层面来反思经济制裁。

制裁的有效与人道间之所以常常会被认为是相互矛盾对立的，其关键原因在于人们忽视了制裁本身潜在的功能性。这是对经济制裁工具理性的“一味独尊”，对价值理性的“刻意回避”，一味地追求有效而忽视了伦理道德层面应有的思考，其结局很可能是为追求功利性目的而造成灾难性后果。

人类只有不断地反思才有更大的进步。当人们以人道主义视角不断反思战争时，其最大的进步意义在于：一是国际人道法在二战后被世界各国所广泛接受，并得到了绝大多数国家的遵守；二是战争手段被认为是在解决国家间矛盾与冲突、谋求国家利益与国际地位时最不人道的做法。因此，作为致力于替代战争手段的经济制裁而言，虽然国际法并没有严格规范经济制裁行为，但在其运用的过程中也不能背离国际公平、正义、人权、和谐等伦理道德要素所共同规范下的国际关系行为准则。以此为对照，作为一项颇受争议的国际公共政策工具，经济制裁的运用同样也要保障基本人权，要对目标国普通民众的生存权、生命权给予基本的尊重，尤其对于国际组织实施的多边经济制裁，更要符合国际伦理。

在当今国际经济制裁实践中，人道主义的考虑常常是在“有之无碍”上存在着争议，但却在“缺之不可”上逐渐有所共识。那么，“有之”究竟会带来怎样的影响，这就需要从经济制裁的逻辑加以分析，我们知道，经济制裁是通过对目标国所造成的制裁伤害去迫使目标国的决策者改变已有政策，然而，承受制裁伤害最大的对象往往是目标国广大的无辜民众，尤其是那些最为脆弱的社会底层人民。所以，将人道主义考虑纳入经济制裁中，其根本目的就在于降低这一工具的负面影响，减少对目标国无辜民众的伤害。

然而，既要减少“民众受苦”又要提高“政治获益”，这无疑让决策者在运用经济制裁手段上面临着两难的现实。因此，当面对经济制裁有效性与人道主义考虑这二者间关系时，传统理论通常持悲观的态度。因为在理论支持者们看来，制裁损失是决定制裁成败的关键，目标国的承受能力和抵制的决心均与这一因素直接相关，被制裁对象国损失越大，制裁政策的效果就会越大，制裁目标实现的可能性也就越大。所以，给予人道主义考虑所采取的一系列措施无疑是在相应地减少这一损失，缓解目标国所要承受的压力，进而促发其可借助这一议题来向制裁发起国施压或讨价还价，这样的结果并不利于制裁有效性的提升。用理论去解释实践，这也是为什么“针对性制裁”没有“全面制裁”更加有效的一个重要逻辑之一。

客观而言，制裁双方博弈中的经济因素、政治因素以及国际合作因素是决定制裁最终能否获得成功的关键考量。将人道主义考虑纳入制裁实践中，究竟对制裁的效果产生怎样影响，对于这一问题的回答，可将人道主义考虑作为干预变量来观测其对各个因素的实际影响效果，而进一步引入观众成本理论来分析有效与人道的权衡逻辑，尤其是基于价值性判断的观众成本来评估人道主义措施的利弊，将有助于我们客观地评估经济制裁有效与人道的权衡之度。

首先，经济制裁本身是一种强制性手段，但相比军事手段而言，运用经济制裁的潜在意涵还是希望借助这一手段最终达到“制裁目标的实现要低成本，制裁造成的后果要低伤害”的理想目标。任何一起经济制裁无论发起方是谁，无论发起的理由如何正当，无论最终是否成功实现了预期的制裁目标，一旦经济制裁给目标国造成了严重的人道主义危机，那么制裁发起方就很难避免基于国际伦理和道义标准所引发的舆论指责。

随着经济全球化、信息化的快速发展，舆论对于经济制裁事件的介入能力随之放大，经济制裁中基于功利性目的的相关观众成本与基于价值性判断的相关观众成本都会对制裁的效果产生一定的影响。很难想象当今联合国或者欧盟的经济制裁政策会因为目标国自身的强烈抵制而有所放宽或半途而废，同样也很难想象为了让朝鲜做出弃核让步，联合国对朝经济制裁会任凭朝鲜无辜的民众去承受当年伊拉克人民被长期制裁时所承受的巨大人道主义灾难。

由于存在功利性目的的观众成本，所以追求制裁的有效，提升经济制裁的成功率是政策制定者的核心关切。同样，由于存在基于价值性判断的观众成本，追求制裁有效的同时尽量降低或缓解人道主义的负面伤害，也是政策制定者无法回避的现实问题。

其次，经济制裁中的人道主义措施并不制约制裁有效性的提升，但如果缺乏人道主义考虑，制裁的效果则极有可能下降。减少人道主义考虑不仅可能会导致制裁结果与当初的制裁目标背道而驰，而且也可能会引起国际社会以及制裁方内部对目标国的同情，使得目标国的角色从原本的规则破坏者转变成为一个饱受制裁之苦的受害者。

被制裁国常常会利用这一悲情角色去赢得国际舆论的关注和支持，并将本国民众所承受苦难的原因推到制裁方一边，进而抬升国际社会基于价值性判断的观众成本。因此，在经济制裁实践中给予人道主义考虑，采取必要的人道主义措施不仅可以缓解制裁对目标国无辜民众的伤害，同时也有助于降低人道主义危机所引发的国际舆论压力，更有助于维系多边制裁合作。

再次，在经济制裁实践过程中如果出现了人道主义危机，作为权衡策略，向目标国提供人道主义援助要远好于采取人道主义的例外措施。虽然，两种措施都需要目标国给予相应的配合，但人道主义援助的主动权更多集中在制裁国手中，其援助物资的选择更能照顾到目标国广大无辜受害民众的实际所需。而对于经济制裁中的人道主义例外措施，往往因为其并不“慷慨”，且在执行过程中容易出现寻租行为而时常难以达到预计效果。

此外，对于目标国而言，这一“失而复得”的恩惠有时不但不能起到缓解目标国人道主义危机的目的，反而还可能会给该国带来新的难题和不确定性风险，欧盟对叙利亚经济制裁过程中所采取的解除“石油禁运”措施便属于这类情况。

最后，“聪明制裁”或“针对性制裁”被学者们认为是最能体现制裁有效与制裁人道的折中之选，然而现实情况并不令人满意。“聪明制裁”虽然从技术层面上采取了针对性的制裁措施，但当诸如贸易禁令和能源禁运措施如今被广泛地加以运用时，其实际效果已经被看作是一种全面的经济制裁行为，它给目标国造成的制裁损失甚至已充分发挥了双边经贸不对称依赖关系所能起到的惩罚作用。因此，这种被“聪明”外衣所包装下的经济制裁措施不仅不够聪明，反而是从当初全面制裁实践中找到了一针见血的痛处。它对目标国所造成的制裁伤害从范围上比“全面制裁”小一些，但在伤害的程度上已经没有什么实质性的差别。

所以，今后对制裁领域的选择应更加谨慎，对于一些关乎目标国“生计”领域的商品需尽量避免“一刀切”式的全面禁运，应在制裁之初就留有一定的弹性空间，以防止“政治获益、民众受苦”的悲剧在经济制裁实践中一再加重。

第二节　研究创新及理论价值

经济制裁实践在前，理论在后，学界对制裁理论的探索正是基于经济制裁实践的需要。在过去二十多年制裁实践中，正是因为经济制裁常常引发了人道主义灾难，才使得制裁理论开始将人道主义考虑因素纳入制裁效用的研究中。建立在工具理性基础之上的制裁理论也自然不断地融合了价值理性层面的思考和判断。

既然经济制裁无法回避人道主义议题，那么将制裁理论中最常关注的制裁有效性与制裁实践中难以忽视的人道主义因素这二者间的关系进行理论反思，在继承既有理论的基础之上，通过实证分析和方法解析，从工具解释到价值判断，进而促进制裁理论的不断完善。

以往的制裁理论侧重于制裁的结果，即成败与否，这往往忽略了制裁的过程。也正因如此，很难客观地评估人道主义措施在制裁过程中所起到的真正作用。立足于经济制裁有效性影响因素的研究，将人道主义考虑放到制裁过程中去分析，探究其可能对制裁双方在经济层面、政治层面、国际合作层面所产生的实际影响作用，通过构建一个多层次的分析框架来更好地认识和理解经济制裁过程中给予人道主义考虑的意义和价值，进一步论证制裁理论中涉及人道主义议题的合理性和不足之处。

本书研究的价值在于将观众成本理论引入到分析经济制裁有效与人道的权衡议题上，并将观众成本分为追求功利性目的层面的观众成本和基于价值性判断层面的观众成本。对观众成本的划分将有助于理解人道主义措施对经济制裁有效性的影响作用，进而提升制裁理论的解释力。

总之，以往经济制裁理论过多侧重于工具性的分析而忽视了价值性的判断，因此在理论指导制裁实践过程中很有可能会出现因强调功利性目的而导致灾难性后果。本书的研究将有助于经济制裁理论的不断深化，有助于形成对经济制裁行为正确的价值判断，有助于凝聚对经济制裁理论中人道主义考虑必要性的共识。本书既肯定其作为现实主义理论体系指导下应有的工具实用性，同时也强调道义对经济制裁实践中的客观影响。因此，对制裁有效与人道的研究是现实主义理论范畴中难以回避道义作用的一次实证。

第三节　政策启示

本书的研究在于警示那些将经济制裁作为谋取各种政治诉求的“灵丹妙药”而滥加使用的行为。

冷战结束后，联合国从两极对抗的国际格局束缚中彻底解放出来，开始更加积极地参与国际事务，这其中就包括联合国所发起的经济制裁行动。然而，在联合国的制裁史中却存有多起“不良记录”，针对小国、弱国的经济制裁曾引发了严重的人道主义危机，导致其中一些国家至今仍然没有彻底走出制裁影响的阴霾。此外，诸如欧盟这一类区域性组织在近些年也频繁运用经济制裁手段来惩罚和干涉他国行为，在制裁过程中同样也给一些被制裁国家造成了人道主义的灾难。

因此，本书对经济制裁涉及有效与人道议题的探讨将警示制裁发起方，在其制定和实施经济制裁时，要对其制裁的方式和目标做出更为审慎的考虑和评估，做到三思而后行。①

思考之一：采取经济制裁的手段是否足以能够达到制裁目标。经济制裁手段虽然比战争手段更“廉价”，但其破坏性有时不亚于一场战争。

从实践来看，经济制裁的成功率并不高，这已经是被实践证明了的结论。究其原因可有多种解释，但有一点毫无疑问，即制裁目标设定的越高，其实现的可能性就越小。经济制裁的目标不应好高骛远，而应更加务实、可行。例如，经济强制作为一个政策工具想要以此来推翻目标国的政治体制或政治领袖，其效果往往适得其反。因为制裁可能会在无意中强化目标国强制执行政策的能力，促使目标国政权领导者对本国平民进行更为严重的政治压迫。

制裁措施的维持是以促进政治自由和维护人权为目的，但一味不计后果地追求制裁目标，其结果很有可能会增加目标国政权对其国内的压制力，导致更不民主、更不人道的情况出现，这恰恰背离了制裁的初衷。

思考之二：如何让经济制裁更有利于解决彼此争端，维护地区的和平与稳定。

在当今国际社会，处理冲突与化解危机时最和平的方式就是借助外交政治手段，当这一手段暂时不见效的时候，政策制定者便希望通过经济手段来解决问题。

然而，经济制裁开始容易、收尾难，用好经济手段的关键在于正确、合理地看待其能够发挥的积极作用。在战争中，当一方消灭不了对方或者结局只有两败俱伤时，打回到谈判桌上来可能是双方走出泥潭的最好选择。因此，经济制裁的功能和目标也应该向这一方向靠拢，借助经济手段迫使对方回到谈判的轨道上来，而不是一味地盯着制裁目标，不达目的不罢休。

---

① Gary Clyde Hufbauer, Jeffrey J. Schott, Kimberly Ann Elliott, Economic Sanctions Reconsidered: Historyand Current Policy, Washington DC: Peterson Institute for International Economics, 2009, pp. 131-132.

思考之三：如何更加有效的预防或缓解经济制裁对目标国民众所带来的人道主义伤害。

国际社会一直在寻找改进传统经济制裁的方法和思路，认为“聪明制裁”是减少对无辜民众造成负面人道主义影响的有效方式。[①] 然而，只有在不同的情况下选择不同形式的针对性制裁措施才能更好地实现以上期望，选择关乎目标国民生、生计的领域进行强有力的制裁仍然可能会造成目标国严重的灾难性后果。此外，在制裁过程中越早将人道主义措施纳入制裁的整体计划中越有利于发挥制裁的效果，同时要在制裁过程中加强对人道主义影响的监督能力，尽可能地确保人道主义救助更加及时。

第四节　研究不足及下一步研究的方向

本书在研究设计上还存在着一些不足或值得不断改进的地方。

首先，本书集中回答了经济制裁为什么要进行有效与人道的权衡，过去权衡遇到了哪些问题，未来应该如何更好地权衡。然而研究并未就“权衡”的优劣程度进行标准化界定和分类，而是以一种相对笼统的概念来描述权衡的最优方向。虽然这一处理方式并不影响研究的整体性逻辑，但如果在今后的研究中能够构建出一个评估和评价体系，那么这将有利于研究者从定性、定量两个层面来更为准确地衡量一起经济制裁的实用价值。

其次，本书在案例选取上以最为典型的两起国际经济制裁为研究对象，虽然能够较好围绕文章的核心议题展开理论验证，但毕竟也存在案例的特殊性问题。对于本书目前所构建的关于经济制裁有效与人道权衡的解释框架而言，今后的研究如果可以参照霍夫鲍尔等学者以大样板数据来对制裁效用进行系统性论证和检验的思路，将冷战后数十起多边经济制裁案例围绕人道主义考虑的程度纳入一个可衡量的评价体系中，这将有助于我们更为客观地认识人道主义措施对于经济制裁效果的实际影响作用。

---

① Thomas J. Biersteker，Sue E. Eckert，Marcos Tourinho，“Designing United Nations Targeted Sanctions”，http：//graduateinstitute. ch/files/live/sites/iheid/files/sites/internationalgovernance/shared/PSIG_ images/Sanctions/Designing%20UN%20Targeted%20Sanctions. pdf.

第三，本书主要针对多边经济制裁涉及有效与人道的权衡议题展开论述，尤其是诸如联合国、欧盟等国际或区域组织为制裁发起方，而实力弱小的国家为被制裁方的情况。因此，对于单边经济制裁的人道主义议题并没有纳入本书的重点论证范围之内。

从制裁实践上讲，单边经济制裁所造成的伤害通常不会引发目标国严重的人道主义危机，被制裁的一方可以相对容易地找到可替代的市场来转移制裁伤害，同时也容易获得来自第三方的援助支持。例如目标国可以从其盟国那里获得经济援助，甚至可以与“敌人的敌人”建立起某种合作关系进而寻求到一定程度的支援和帮助。

但从理论上来说，单边经济制裁是存在造成目标国人道主义危机的可能性，如果制裁国对于目标国具有特殊的影响力，且具备实现对目标国重要进口物资实施全面的封锁能力；与此同时目标国国内民众的生活已经处于较为艰难的水平，此时的单边经济制裁则极有可能引发人道主义危机。例如，中国一旦对朝鲜就朝核问题实施全面经济制裁并关闭现有的人道主义援助通道，那么其后果可能不亚于联合国制裁伊拉克所引发的灾难性悲剧。所以，这类单边经济制裁的人道主义议题也是今后需要进一步研究和探讨的一个方向。

参考文献

一、中文文献

[1] 奥兰·扬．世界事务中的治理［M］．陈玉刚，薄燕，译．上海：上海人民出版社，2007.

[2] 保罗·库尔兹．21世纪的人道主义［M］．肖峰等，译．北京：东方出版社，1998.

[3] 池田大作．人道主义竞争：历史的新潮流［M］．东京：创价学会，2009年．

[4] 戴轶．联合国集体安全制度改革问题研究．北京：中国社会科学出版社，2014年．

[5] 汉斯·摩根索．国家间政治：权力斗争与和平［M］．徐昕等等，译．北京：北京大学出版社，2006.

[6] 何茂春．经济外交法［M］．北京：世界知识出版社，2014.

[7] 何茂春．经济外交学教程［M］．北京：世界知识出版社，2010.

[8] 赫德利·布尔．无政府社会［M］．张小明，译．北京：世界知识出版社，2003.

[9] 亨克茨．习惯国际人道法规则［M］．北京：法律出版社，2007.

[10] 华尔兹·肯尼思．国际政治理论［M］．信强，译．上海：上海世纪出版集团，2003.

[11] 金伯莉 哈钦斯．全球伦理［M］．杨彩霞，译．北京：中国青年出版社，2013.

[12] 李子文．联合国对南罗德西亚之制裁：1965—1979［M］．台北：万人出版社有限公司，1985.

[13] 刘强．伊朗国际战略地位论：一种全球多视角的解析［M］．北京：世界知识出版社，2007.

[14] 柳剑平，刘威．美国对外经济制裁问题研究 [M]．北京：人民出版社，2009.

[15] 罗伯特 J 阿特，罗伯特·杰维斯．国际政治-常在概念和当代问题 [M]．时殷弘等，译．北京：中国人民大学出版社，2007.

[16] 罗伯特 基欧汉，约瑟夫·奈．权力与相互依赖 [M]．北京：北京大学出版社，2012.

[17] 罗伯特·基欧汉．霸权之后：世界政治经济中的合作与纷争 [M]．苏长和等，译．上海：上海世纪出版集团，2006.

[18] 罗伯特·吉尔平．全球政治经济学：解读国际经济秩序 [M]．杨宇光等，译．上海：上海人民出版社，2006.

[19] 莉萨·马丁，贝思 西蒙斯．国际制度 [M]．黄仁伟，蔡鹏鸿等，译．上海人民出版社，2006.

[20] 马克斯·韦伯．新教伦理与资本主义精神 [M]．马奇炎等，译．北京：北京大学出版社，2012.

[21] 玛莎·费丽莫．国际社会中的国家利益 [M]．袁正清，译．上海：上海世纪出版集团，2012.

[22] 潘洪林．科技理性与价值理性 [M]．北京：中央编译出版社，2007.

[23] 潘锐．美国国际经济政策研究 [M]．上海：上海人民出版社，2013.

[24] 秦亚青．权利·制度·文化 [M]．北京：北京大学出版社，2010.

[25] 秦亚青．世界政治与全球治理 [M]．北京：世界知识出版社，2014.

[26] 阮建平．战后美国对外经济制裁 [M]．武汉：武汉大学出版社，2009.

[27] 王京烈．动荡中东多视角分析 [M]．北京：世界知识出版社，1996.

[28] 王绳祖．国际关系史 [M]．北京：世界知识出版社，1995.

[29] 韦正翔．国际政治的全球化与国际道德危机 [M]．北京：中国

社会科学出版社，2006.

［30］魏宗雷．西方人道主义干预理论与实践［M］．北京：时事出版社，2003.

［31］温都尔卡 库芭科娃编．建构世界中的国际关系［M］．北京：北京大学出版社，2006.

［32］吴成．伊朗核问题与世界格局转型［M］．北京：时事出版社，2014.

［33］吴惕安，俞可平．当代西方国家理论评析［M］．西安：陕西人民出版社，1993.

［34］小约瑟夫 奈．理解国际冲突：理论与历史［M］．张小明，译．上海：上海人民出版社，2002.

［35］熊文驰．大国发展与国际道义［M］．上海：上海人民出版社，2009.

［36］熊文驰．全球治理中的伦理［M］．上海：上海人民出版社，2011.

［37］亚当 罗伯茨主编．全球治理：分裂世界中的联合国［M］．北京：中央编译出版社，2010.

［38］阎学通，孙学峰．国际关系研究实用方法［M］．北京：人民出版社，2007.

［39］阎学通，徐进编．国际安全理论经典导读［M］．北京：北京大学出版社，2009

［40］阎学通．国际政治与中国［M］．北京：北京大学出版社，2005.

［41］杨成绪．新挑战：国际关系中的“人道主义干预”［M］．北京：中国青年出版社，2001.

［42］杨国庆．危机与霸权：亚洲金融危机的政治经济学［M］．上海：上海人民出版社，2008.

［43］詹姆斯多尔蒂，小罗伯特 普法尔茨格拉夫，等．争论中的国际关系理论（第五版）［M］．阎学通，陈寒溪等，译．北京：世界知识出版社，2013.

［44］张莉清．联合国非殖民化机制与南部非洲独立研究［M］．武汉：

武汉大学出版社，2011.

[45] 张历历，等. 现代国际关系学 [M]. 重庆：重庆出版社，1989.

[46] 张敏谦. 美国对外经济战略 [M]. 北京：世界知识出版社，2001.

[47] 张曙光. 经济制裁研究 [M]. 上海：上海人民出版社，2010.

[48] 张学斌. 经济外交与国际经济秩序 [M]. 北京：北京大学出版社，2001.

[49] 周永生. 经济外交 [M]. 北京：中国青年出版社，2004.

二、中文论文参考文献

[50] 毕云红. 透视冷战后美国单边经济制裁政策 [J]. 世界经济与政治，2000 (12).

[51] 陈家喜. 国际干预与民主转型—基于“阿拉伯之春”的经验观察 [J]. 国外社会科学，2013 (4).

[52] 林民旺. 国内观众成本理论与国际合作 [J]. 教学与研究，2009 (2).

[53] 陈娟. 阿盟介入叙利亚危机的影响分析 [J]. 阿拉伯世界研究，2015 (2).

[54] 丁韶彬. 美国对中国限制性经济援助评析 [J]. 世界经济与政治论坛，2012 (2).

[55] 杜涛. 美国单边域外经济制裁的国际法效力问题探讨 [J]. 湖南社会科学，2010 (2).

[56] 杜涛. 欧盟对待域外经济制裁的政策转变及其背景分析 [J]. 德国研究，2012 (3).

[57] 高扬帆. 浅论发展中的人道主义概念 [J]. 华中师范大学学报 (哲社版)，1993 (2).

[58] 侯蕾. 国际合作中的背叛与惩罚—基于制裁成本的考量 [J]. 世界经济与政治论坛，2013 (1).

[59] 胡剑萍，阮建平. 美国域外经济制裁及其冲突探析 [J]. 世界经济与政治，2006 (5).

[60] 贺之杲. 乌克兰危机背景下欧盟对俄制裁的分析：基于观众成本

的视角［J］. 德国研究，2015（1）.

［61］黄德明，李若瀚 . 论欧盟国际制裁法律基础的革新［J］. 当代法学，2013（3）.

［62］简基松 . 论联合国经济制裁之功能［J］. 中国法学，2005（3）.

［63］姜明新 . 伊拉克与联合国达成“以石油换食品”协议的原因及其影响［J］. 西亚非洲，1996（4）.

［64］李薇薇 . 论联合国经济制裁中的人权保护—兼评联合国对朝鲜的经济制裁［J］. 西北政法学院学报，2007（2）.

［65］李伟建 . 大国政治的悲喜：叙利亚危机启示录［J］. 人民论坛 · 学术前沿，2014，5（2）.

［66］李小华 . 冷战后美国外交中的经济制裁—对海地的个案分析［J］. 国际政治研究，1999（3）.

［67］刘波 . 石油禁运—国际社会的重要制裁手段［J］. 辽宁大学学报（哲学社会科学版），2004（6）.

［68］刘建伟 . 国际制裁缘何难以奏效？——“非故意后果”的视角［J］. 世界经济与政治，2011（10）.

［69］刘威，柳剑平 . 从限制性的视角论经济制裁［J］. 武汉大学学报（哲学社会科学版），2009（2）.

［70］柳剑平，刘威 . 相对获益：冷战后美国对外经济制裁的目标重心［J］. 江汉论坛，2005（5）.

［71］娄亚萍 . 美国外交中的援助制裁行为［J］. 太平洋学报，2010（7）.

［72］曲博 . 因果机制与过程追踪法［J］. 世界经济与政治，2010（4）.

［73］阮建平 . 关于国际经济制裁的理论述评［J］. 世界经济与政治，2004（9）.

［74］阮建平 . 国际经济制裁：演化、效率及新特点［J］. 现代国际关系，2004（4）.

［75］潘祥辉 . 观众成本说：五四运动的一种政治传播学释读框架［J］. 人文杂志，2015（5）.

[76] 石斌．有效制裁与正义制裁—论国际经济制裁的政治动因与伦理维度［J］．世界经济与政治，2010（8）．

[77] 宋叶萍．联合国经济制裁的伦理视角［J］．马克思主义与现实，2006（3）．

[78] 苏长和．叙利亚危机：一国国内政治问题？——由此看负责任大国对未来国际秩序的应有态度［J］．人民论坛·学术前沿，2014，4（2）．

[79] 田斌．伊朗核制裁有效性的影响因素分析［J］．哈尔滨学院学报，2011（5）．

[80] 万书．试论经济制裁［J］．世界经济与政治，2004（9）．

[81] 王孜弘．意识形态与国际经济制裁—以人权与民主为政策目标的经济制裁浅析［J］．国际论坛，2014（4）．

[82] 吴征宇．主权、人权与人道主义干涉—约翰·文森特的国际社会观［J］．欧洲研究，2005（1）．

[83] 肖刚，黄国华．冷战后美国经济外交中的单边经济制裁［J］．国际经贸探索，2006（3）．

[84] 阎梁，何劲汶．欧盟、美国对伊朗的经济制裁：政策分歧及其弥合［J］．欧洲研究，2012（3）．

[85] 阎梁．中国对外经济制裁：目标与政策议题［J］．外交评论，2012（6）．

[86] 颜剑英．美国经济制裁与发展中国家的经济安全［J］．国际论坛，2005（3）．

[87] 杨达洲．经济制裁与美国政府的外交［J］．和平与发展，1998（1）．

[88] 杨鸿玺．伊拉克：制裁与反制裁的焦点［J］．当代世界，2000（8）．

[89] 杨祥银．国际政治中的经济制裁政策还能走多远—从冷战后的经济制裁走向谈起［J］．世界经济与政治，2001（5）．

[90] 张曙光．美国关于经济制裁的战略思考与对华禁运决策（1949—1953）［J］．国际政治研究，2008（3）．

[91] 赵冠峰．略论国际制裁的困境与对策—对“伊拉克悖论”的思

考［J］. 同济大学学报（社会科学版），2008（2）.

［92］赵建明．制裁、反制裁的博弈与伊朗的核发展态势［J］. 外交评论，2012（2）.

［93］赵洋，袁正清．国际组织与国际干涉行为［J］. 外交评论，2015（2）.

［94］赵俊．国际关系中的承认：合法性与观众成本［J］. 世界经济与政治，2011（4）.

［95］周永生，李琳．经济制裁的政策目标［J］. 华中科技大学学报（社会科学版），2004（1）.

三、英文参考文献

［96］A. Copper Drury. Revisiting Economic Sanctions Reconsidered. Journal of Peace Research，1998，（4）：497-509.

［97］A. D. Lowenberg and W. H. Kaempfer. The Origins and Demise of South African Apartheid：A Public Choice Analysis. Ann Arbor：University of Michigan Press，1998：118.

［98］Abbas Alnasrawi. Iraq's Burdens：Oil，Sanctions and Underdevelopment，Publisher：Praeger，2002.

［99］Abbas Alnasrawi. Iraq：economic sanctions and consequences（1990—2000）. Third World Quarterly，2001，22（2）.

［100］Adeno Addis. Economic Sanctions and the Problem of Evil. Human Rights Quarterly，2003，25（3）：573-623.

［101］Albert C Pierce. Just War Principles and Economic Sanctions. Ethics & International Affairs，1996，（10）.

［102］Al-Kaisy Kais. Letters：The sanctions that bring death. The Guardian，1994，（5）.

［103］Amstutz，Mark. International Ethics：Concepts，Theories and Cases in Global Politics. Lanham：Rowman & Littlefield Publishers Inc，2013.

［104］Anthonius and Portela et al.，Improving the Effectiveness of Sanctions：A Checklist for the EU. CEPS Special Reports，2014，（95）.

［105］Arne Tostensen and Beate Bull. Are Smart Sanctions Feasible?，

World politics, 2002, 54 (3): 373-403.

[106] Barry E Carter. International Economic Sanctions: Improving the Haphazard U. S. Legal Regime, Cambridge: Cambridge University Press, 1998.

[107] Baylis John and Smith Steve. The Globalization of World Politics An introduction to international relations. Oxford University Press, 2001.

[108] Dan Belz. Is International Humanitarian Law Lapsing into Irrelevance in the War on International Terror. Tel Aviv University Law Faculty Papers. Working Paper 23, 2005.

[109] Brabant Konrad. Can Sanctions be Smarter? The Current Debat. London: Overseas Development Institute, 1999.

[110] Branislav L Slantcheva. Audience Costs Theory and Its Audiences. Security Studies, 2012, 21 (3).

[111] Bruderlein Condrad. Coping with the Humanitarian Impact of Sanctions: An OCHA Perspective. New York: OCHA Publications, 1998.

[112] Carnegie Commission. Preventing Deadly Conflict, Final Report Carnegie Corporation, 1997.

[113] Charles J Kacsur. Economic Sanctions Targeting Yugoslavia: An Effective National Security Strategy Component. Storming Media, 2003.

[114] Christian Scherrer, etc. Iraq: Genocide by Sanctions. Penerbit USM, 2011.

[115] Clara Portela. European Union Sanctions and Foreign Policy: When and why Do They Work. London: Routledge, 2010.

[116] Claude Bruderlein. Coping with the Humanitarian Impact of Sanctions: An OCHA Perspective. UN Office of Humanitarian Affairs, 1999.

[117] Cortright and Lopez. Smart Sanctions: Targeting Economic Statecraft. New York: Row-man & Littlefriend Publishers, 2002: 7-10.

[118] Damrosch, Lori Fisler. The Collective Enforcement of International Norms through Economic Sanctions. Ethics and International Affairs, 1994.

[119] Daniel W. Drezner. Bargaining, Enforcement, and Multilateral Sanctions: When Is Cooperation Counterproductive. International Organization,

2000, 54 (1).

[120] Daniel W Drezner. Sanctions Sometimes Smart: Targeted Sanctions in Theory and Practice. International Studies Review, 2011, 13.

[121] David Allen Baldwin. Economic Statecraft. Princeton University Press, 1985.

[122] David Cortright and George A. Lopez, etc. Sanctions and the Search for Security: Challenges to UN Action. Lynne Rienner Publishers, 2002.

[123] David Cortright and George A. Lopez. Smart Sanctions: Targeting Economic Statecraft. New York: Rowman & Littlefield, 2002.

[124] David Cortright and George A. Lopez. Economic Sanctions: Panacea or Peace building in a Post-Cold War World. Westview Press, 1995.

[125] David Lektzian and Mark Souva. An Institutional Theory of Sanctions Onset and Success. Journal of Conflict Resolution, 2007, 51 (6): 848-871.

[126] Margaret P Doxey. Economic Sanctions and International Enforcement. Oxford University Press, 1997.

[127] Dreze and Gazdar. Hunger and Poverty in Iraq, 1991. World Development, 1992, 20 (7): 921-945.

[128] Daniel W Drezner. The Sanctions Paradox: Economic Statecraft and International Relations. Cambridge: Cambridge University Press, 1999.

[129] Dunne Tim and Wheeler Nicholas J. Human Rights in Global Politics. Cambridge: Cambridge University Press, 1999.

[130] Elizabeth D Gibbons. Sanctions in Haiti: human rights and democracy under assault. Praeger, 1999.

[131] Ella Shagabutdinova and Jeffrey Berejikian. Deploying Sanctions while Protecting Human Rights: Are Humanitarian "Smart" Sanctions Effective. Journal of Human Rights, 2007, 6 (1): 59-74.

[132] Erica S Moret. Humanitarian impacts of economic sanctions on Iran and Syria. European Security, 2015, 24 (1).

[133] Fausey and Joy K. Does the United Nations' use of collective sanctions to protect human rights violate its own human rights stand-

ards. Connecticut Journal of International Law, 1994, 10: 193-216.

[134] Fearon James D. Domestic Political Audiences and the Escalation of International Disputes. American Political Science Review, 1994, 88: 577-592.

[135] Fiona Elizabeth Cleary. The Re-education of Smart Sanctions: An Examination of the Efficacy and Desirability of Smart Sanctions as a Tool of International Conflict Resolution. Victoria University of Wellington, 2006.

[136] G. Fitzmaurice. The General Principles of International Law Considered From the Standpoint of the Rule of Law. 92 Recueil des Caurs, 1957.

[137] Gary Clyde Hufbauer, Jeffrey J Schott, Kimberly Ann Elliott. Economic Sanctions in Support of Foreign Policy Goals. Institute for International Economics, 1983.

[138] Gary Clyde Hufbauer, Jeffrey J Schott, Kimberly Ann Elliott and Barbara Oegg. Economic Sanctions Reconsidered. Peterson Institute for International Economics, 2007.

[139] Gaubatz Kurt Taylor. Democratic States and Commitment in International Relations. International Organization, 1996, 50 (1): 109-139.

[140] George A. Lopez and David Cortright. Economic sanctions and human rights: Part of the problem or part of the solution. The International Journal of Human Rights, 1997, 1 (2).

[141] Gil Feiler. From Boycott to Economic Cooperation: The Political Economy of the Arab Boycott of Israel. Routledge, 2013.

[142] Gordon Friedrichs. Smart Security Council? Analyzing the Effectiveness of Targeted Sanctions. Anchor Academic Publishing, 2013.

[143] Gordon J. Invisible war: the United States and the Iraq sanctions. Harvard University Press, 2010.

[144] Haas Richard. Economic Sanctions: Too much of a bad thing. Washington DC: Brookings Institution Policy Brief, 1998.

[145] Han Dorussen and Jongryn Mo. Ending Economic Sanctions: Audience Costs and Rent-Seeking as Commitment Strategies. Journal of Conflict Resolution, 2001, 45 (4).

[146] Hans-Christof Sponeck. A Different Kind of War: The UN Sanctions Regime in Iraq. Berghahn Books, 2006.

[147] Helen Osieja. Economic Sanctions as an Instrument of U. S. Foreign Policy. Universal-Publishers, 2005.

[148] Hossein Askari. Case Studies of US Economic Sanctions. Greenwood Publishing Group, 2003.

[149] Francesco Giumelli. How EU sanctions work: a new narrative. European Union Institute for Security Studies, 2013.

[150] James Barber. Economic Sanctions as a Policy Instrument. International Affairs, 1979, 55 (3).

[151] James M Lindsay. Trade Sanctions as Policy Instruments: A Re-examination, International Studies Quarterly, 1986, 30 (2).

[152] John Field. From food security to food insecurity: the case of Iraq, 1990—1991. Geo ournal June, 1993, 30 (2): 185-194.

[153] John H Jackson, etc. Legal Problems of International Economic Relations. West Group, 2002: 194-195.

[154] Jon Hovi, Robert Huseby and Detlef F Sprinz. When Do (Imposed) Economic Sanctions Work. World Politics, 2005, 57 (4).

[155] Joseph G. Economic Sanctions: Foreign Policy Levers or Signals. Cato Policy Analysis, 1989, 124.

[156] Joseph J Collins and Gabrielle D Bowdoin. Beyond Unilateral Economic Sanctions: Better Alternatives for U. S. Foreign Policy. CSIS, 1999.

[157] Joy Gordon. Economic Sanctions, Just War Doctrine and The Fearful Spectacle of the Civilian Dead. Cross Currents, 1999.

[158] Joy Gordon. Smart Sanctions Revisited. Ethics & International Affairs, 2011, 25 (3): 315-335.

[159] Katzman. Iran Sanctions. Washington DC: BiblioGov, 2010.

[160] Keith Hartley and Todd Sandler. Handbook of Defense Economics. Elsevier, 2007.

[161] Kenneth A Oye. Explaining Cooperation Under Anarchy: Hypotheses and Strategies. World Politics, 1985, 38 (1).

[162] Kenneth Aaron Rodman. Sanctions Beyond Borders: Multinational Corporations and U. S. Economic Statecraft. Rowman & Littlefield, 2001.

[163] Kenneth Hermele and Bertil Oden. Sanction Dilemmas: Some Implications of Economic Sanctions Against South Africa. Nordic Africa Institute, 1988.

[164] Kern Alexander. Economic Sanctions: Law and Public Policy. Palgrave Macmillan, 2009.

[165] Kim Richard Nossal. International Sanctions as International Punishment. International Organization, 1989, 43 (2).

[166] Krista Eileen Wiegand. Enduring Territorial Disputes: Strategies of Bargaining, Coercive Diplomacy and settlement. University of Georgia Press, 2011.

[167] Anthony F LangLang. Punishment, Justice and International Relations: Ethics and Order after the Cold War. London: Routledge, 2008, 5.

[168] Larry Minear, etc. Toward More Humane and Effective Sanctions Management: Enhancing the Capacity of the United Nations System, Executive Summary, Study prepared at the request of the United Nations Department of Humanitarian Affairs on behalf of the Inter-Agency Standing Committee, 1997.

[169] Leeds and Brett Ashley. Domestic Political Institutions, Credible Commitments and International Cooperation, American Journal of Political Science, 1999, 43 (4): 979-1002.

[170] Leon T Hadar. U. S. Sanctions against Burma: A Failure on All Fronts. Trade Policy Analysis, 1998, 3 (1).

[171] Mansfield Edward, Helen Milner and B Peter Rosendorff. Why Democracies Cooperate More: Electoral Control and International Trade Agreements. International Organization, 2002, 56 (3): 477-513.

[172] Margaret P Doxey. Economic sanctions and international enforcement. Oxford University Press, 1980.

[173] Margaret P Doxey. International sanctions in contemporary perspective. New York: St. Martin's Press, 1996.

[174] Mark R Amstutz. International Ethics: Concepts, Theories and Cases in Global Politics. Rowman & Littlefield, 2005.

[175] Marks and Stephen. Economic sanctions as human rights violations: Reconciling political and public health imperatives. American Journal of Public Health, 1999, 89: 1509-1513.

[176] McCarthy Colman. The Ongoing War Against Iraq's Civilians. The Washington Post, 1996.

[177] Meghan O'Sullivan. Shrewd sanctions: statecraft and state sponsors of terrorism. Washington DC: Brookings Institution Press, 2003.

[178] Mikael Eriksson. Targeting Peace: Understanding UN and EU Targeted Sanctions. Ashgate Publishing Ltd, 2013.

[179] Milica Delevic. Economic Sanctions as a Foreign Policy Tool: The Case of Yugoslavia. International Iournal of Peace Studies, 1998, 3.

[180] Miroslav Nincic and Peter Wallensteen. Dilemmas of Economic Coercion: Sanctions in World Politics, New York: Praeger, 1983.

[181] Murphy Caryle. Sanctions Mean Hardship, Anger For Iraqi Civilians; Diplomats Say U. N. Measures May Hurt Stability of Region. The Washington Post, 1994.

[182] Nigel White and Ademola Abass. Countermeasures and Sanctions in Malcolm D. Evans ed. , International Law. Oxford, 2006.

[183] Paolo Spadoni. Failed Sanctions: Why the U. S. Embargo Against Cuba Could Never Work. University Press of Florida, 2010: 110-111.

[184] Patrick Clawson. Sanctions as Punishment Enforcement and Prelude to Further Action. Ethics and International Affairs, 1993, 7.

[185] Reed M Wood. A Hand upon the Throat of the Nation: Economic Sanctions and State Repression, 1976—2001. International Studies Quarterly, 2008.

[186] Richard N Haass. Economic Sanctions and American Diploma-

cy. Council on Foreign Relations Press, 1998.

[187] Robert A Pape. Why Economic Sanctions do not work. International Security, 1997, 22 (2).

[188] Robin Renwick. Economic Sanctions. Cambridge: Harvard University Center for International Affairs, 1981.

[189] Sarah Zaidi. Humanitarian Effects of the Coup and Sanctions in Haiti, in Thomas G. Weiss et al., Political Gain and Civilian Pain: Humanitarian Impacts of Economic Sanctions. Rowman & Littlefield Publishe, 1997.

[190] Simons Geoff. Imposing Economic Sanctions Legal Remedy or Genocidal Tool. London: Pluto Press, 1999.

[191] Suk Hi Kim and Semoon Chang. Economic Sanctions Against a Nuclear North Korea: An Analysis of United States and United Nations Actions Since 1950. McFarland, 2007.

[192] Thomas George Weiss. Political Gain and Civilian Pain: Humanitarian Impacts of Economic Sanctions. Rowman & Littlefield Publishers, 1997.

[193] Vaughan Lowe and Adam Roberts, etc. The United Nations Security Council and War: The Evolution of Thought and Practice since 1945. Oxford University Press, 2010.

[194] Tomas G Weiss, etc. The United Nations and changing world politics. Westview Press, 2000.

[195] Tomas G Weiss. Sanctions as a Foreign Policy Tool: Weighing Humanitarian Impulses. Journal of Peace Research, 1999, 36 (5): 499-509.

[196] Young W Kihl, Peter Hayes. Peace and Security in Northeast Asia: The Nuclear Issue and the Korean Peninsula. M. E. Sharpe, 1997.

[197] Zachary A Selden. Economic Sanctions as Instruments of American Foreign Policy. Greenwood Publishing Group, 1999.

[198] Mallory Owen. The Limits of Economic Sanctions Under International Humanitarian Law: The Case of the Cong. Texas International Law Journal, 2012, 48 (1): 63-79.

[199] Philip B. K. Potter and Matthew A. Baum. Democratic Peace, Domestic Audience Costs and Political Communication. Political Communication, 2010, 27 (4): 453-470.

[200] Han Dorussen and Jongryn Mo. Ending Economic Sanctions: Audience Costs and Rent-Seeking as Commitment Strategies. The Journal of Conflict Resolution, 2001, 45 (4): 395-426.

[201] George Tsebelis. Are Sanctions Effective? A Game-Theoretic Analysis. The Journal of Conflict Resolution, 1990, 34 (1): 3-28.

[202] Branislav L Slantchev. Politicians, the Media and Domestic Audience Costs, International Studies Quarterly, 2006, 50 (2): 445-477.

[203] Jessica L Weeks. Autocratic Audience Costs: Regime Type and Signaling Resolve. International Organization, 2008, 62 (1): 35-64.

[204] James D Fearon. Signaling Foreign Policy Interests: Tying Hands versus Sinking Costs. Journal of Conflict Resolution, 1997, 41 (1): 68-90.

[205] Kurizaki Shuhei. Efficient Secrecy: Public versus Private Threats in Crisis Diplomacy. American Political Science Review, 2007, 101 (3): 543-558.

[206] Michael Tomz. Domestic Audience Costs in International Relations: An Experimental Approach. International Organization, 2007, 61: 821-840.

[207] Smith Alastair. International Crises and Domestic Politics. American Political Science Review, 1998, 92 (3): 623-38.

[208] Suchman M. C. Managing legitimacy: Strategic and institutional approaches. Academy of Management Journal, 1995, 20 (3): 571-610.

[209] Brandon C Prins. Institutional Instability and the Credibility of Audience Costs: Political Participation and Interstate Crisis Bargaining, 1816—1992. Journal of Peace Research, 2003, 40 (1): 67-84.

[210] Tomz Michael. Domestic Audience Costs in International Relations: An Experimental Approach. International Organization, 2007, 61 (4): 821-840.

[211] Partell Peter J and Glenn Palmer. Audience Costs and Interstate Crises: An Empincal Assessment of Fearon's Model of Dispute Outcomes. International

Studies Quarterly，1999，43（2）：389-405.

[212] Eyerman Joe and Robert A Hart Jr. An Empirical Test of the Audience Cost Proposition：Democracy Speaks Louder Than Words. Journal of Conflict Resolution，1996，40（4）：597-616.

[213] Fiona McGillivray and Alastair Smith. Trust and Cooperation through Agent-Specific Punishments. International Organization，2000，54（4）：809-824.

后　记

经济制裁现在被越来越频繁地应用于国家间对外经济交往中，它是一种极不友善、最不合作的外交政策措施。从事经济外交研究和工作，不可能回避经济制裁的议题。我对经济制裁领域的系统研究始于博士期间，经过数年的研究和整理，本书的书稿最终得以完成。

本书的写作首先要感谢我的导师，清华大学经济外交研究中心主任何茂春教授在学术上给予我的悉心指导和帮助。感谢清华大学阎学通教授、刘江永教授、李彬教授、陈琪教授、刘利华教授、史志钦教授、孙学峰教授、庞珣教授、漆海霞副教授等各位老师。同时也感谢商务部国际贸易经济合作研究院梅新育研究员、张菲副研究员。此外，本书能够在中国经济出版社顺利出版，也要感谢崔姜薇老师、张博老师的辛勤付出。

我希望本书能够有助于学习和研究国际政治的学者更全面地了解经济制裁的理论与实践，同时也希望本书在经济制裁理论上的一些探索和研究能够有助于提升政策制定者们的决策能力。

学术无国界，但学者有祖国。经过几十年的追赶，中国的国际关系研究正在缩小与世界先进水平的差距，正如清华大学阎学通教授所言，学习借鉴外国经验和知识只能缩小差距，而要实现超越则要依靠创新，创新是学术进步的最主要来源。因此，为了进一步提高我国国际关系研究的创新能力，我们需要更加解放思想，参与到最前沿的国际问题研究中，经济制裁领域正在成为国际关系理论前沿的一个重要方向，而作为从事国际关系研究的中国青年学者，我们有必要对经济制裁这一政策工具进行理论探索和应用性研究。

诚然，学术标准不是人为规定的标准，而是学界同仁的学术共识。围绕经济制裁有效性与人道主义考虑之间的权衡议题，要形成学术共识绝非易事。理论创新需要大胆设想、小心求证，而本书的一些学术设想难免存在可商榷的之处，请各位读者谅解、指正。毋庸讳言，本书的瑕疵和不足之处也将是今后我需进一步深入学习和研究的方向。

附录　1914 年—2011 年经济制裁的效用评估

案例编号	主要制裁方	受制裁方	政策结果	贡献系数	成功指数
1914-1	英国	德国	4	3	12
1917-1	美国	日本	1	2	2
1918-1	英国	苏俄	1	2	2
1921-1	国际联盟	南斯拉夫	4	4	16
1925-1	国际联盟	希腊	4	4	16
1932-1（1）	国际联盟	巴拉圭	3	2	6
1932-1（2）	国际联盟	玻利维亚	3	2	6
1933-1	英国	苏联	4	3	12
1935-1	国际联盟、英国	意大利	1	2	2
1938-1	美国、英国	墨西哥	3	3	9
1939-1（1）	联合国、美国	德国	4	2	8
1939-1（2）	联合国、美国	日本	4	2	8
1940-1	美国	日本	1	1	1
1944-1	美国	阿根廷	2	2	4
1946-1	阿拉伯国家联盟	以色列	2	2	4
1948-1	美国	荷兰	4	4	16
1948-2	印度	海德拉巴	4	2	8
1948-3（1）	苏联	美国	1	2	2
1948-3（2）	苏联	英国	1	2	2
1948-3（3）	苏联	法国	1	2	2
1948-4	苏联	南斯拉夫	1	1	1
1948-5	美国、巴黎统筹委员会	苏联、经济互助委员会	3	2	6
1949-1	美国、中国委员会	中国	1	2	2
1950-1	美国、联合国	朝鲜	1	1	1
1951-1	美国、英国	伊朗	4	3	12

续表

案例编号	主要制裁方	受制裁方	政策结果	贡献系数	成功指数
1954-1	苏联	澳大利亚	1	2	2
1954-2	印度	葡萄牙	4	2	8
1954-3	西班牙	英国	2	3	6
1954-4	美国、南越南	北越南	1	1	1
1956-1	美国	以色列	2	2	4
1956-2	美、英、法	埃及	3	3	9
1956-3	美国	英国	4	3	12
1956-4	美国	老挝	3	3	9
1957-1	印度尼西亚	荷兰	4	2	8
1957-2	法国	突尼斯	1	2	2
1958-1	苏联	芬兰	4	4	16
1960-1	美国	多米尼加共和国	4	3	12
1960-2	苏联	中国	2	2	4
1960-3	美国	古巴	1	1	1
1961-1	美国	锡兰	4	4	16
1961-2	苏联	阿尔巴尼亚	1	1	1
1961-3	美国、西方盟国	德意志民主共和国	1	2	2
1962-1	美国	巴西	4	3	12
1962-2	联合国	南非	4	2	8
1962-3	苏联	罗马尼亚	1	2	2
1963-1	美国	阿拉伯联合共和国	4	3	12
1963-2	印度尼西亚	马来西亚	1	2	2
1963-3	美国	印度尼西亚	4	2	8
1963-4	美国	南越	4	3	12
1963-5	联合国、非洲统一组织	葡萄牙	4	2	8
1964-1	法国	突尼斯	2	3	6
1965-1	美国	智利	3	3	9
1965-2	美国	印度	4	4	16
1965-3	联合国、英国	罗得西亚	4	3	12
1967-1	尼日利亚	比弗拉	4	3	12
1968-1	美国	秘鲁	1	1	1

续表

案例编号	主要制裁方	受制裁方	政策结果	贡献系数	成功指数
1968-2	美国	秘鲁	3	4	12
1970-1	美国	智利	4	3	12
1971-1（1）	美国	印度	2	2	4
1971-1（2）	美国	巴基斯坦	2	2	4
1971-2	英国	马耳他	3	2	6
1972-1	美国、英国	乌干达	4	3	12
1973-1（1）	阿拉伯国家联盟	美国	3	3	9
1973-1（2）	阿拉伯国家联盟	荷兰	3	3	9
1973-2	美国	韩国	2	2	4
1974-1	美国	土耳其	1	1	1
1974-2	加拿大	印度	2	2	4
1974-3	加拿大	巴基斯坦	2	2	4
1975-1	美国、加拿大	韩国	4	4	16
1975-2	美国	苏联	4	2	8
1975-3	美国	南非	2	2	4
1975-4	美国	柬埔寨	1	2	2
1975-5	美国	智利	4	3	12
1976-1	美国	乌拉圭	3	2	6
1976-2	美国	中国台湾	4	4	16
1976-3	美国	阿拉伯国家联盟	3	2	6
1977-1	美国	巴拉圭	2	3	6
1977-2	美国	危地马拉	3	3	9
1977-3	美国	阿根廷	3	2	6
1977-4（1）	加拿大	日本	3	3	9
1977-4（2）	加拿大	欧洲共同体	3	3	9
1977-5	美国	尼加拉瓜	4	3	12
1977-6	美国	萨尔瓦多	2	3	6
1977-7	美国	巴西	3	2	6
1977-8	美国	埃塞俄比亚	3	2	6
1978-1	中国	阿尔巴尼亚	1	2	2
1978-2	美国	巴西	2	2	4

续表

案例编号	主要制裁方	受制裁方	政策结果	贡献系数	成功指数
1978-3	美国	阿根廷	2	2	4
1978-4	美国	印度	2	2	4
1978-5	美国	苏联	1	2	2
1978-6	阿拉伯国家联盟	埃及	1	2	2
1978-7	中国	越南	3	2	6
1978-8	美国	利比亚	4	3	12
1979-1	美国	伊朗	4	3	12
1979-2	美国	巴基斯坦	2	2	4
1979-3	阿拉伯国家联盟	加拿大	4	3	12
1979-4	美国	玻利维亚	2	3	6
1980-1	美国	苏联	1	2	2
1980-2	美国	伊拉克	2	2	4
1981-1	美国	尼加拉瓜	4	2	8
1981-2	美国	波兰	3	3	9
1981-3	美国	苏联	1	1	1
1981-4	欧洲共同体	土耳其	3	2	6
1982-1	英国	阿根廷	4	3	12
1982-2	荷兰	苏里南	3	3	9
1982-3	南非	莱索托	4	3	12
1983-1	澳大利亚	法国	2	2	4
1983-2	美国	苏联	1	2	2
1983-3	美国	津巴布韦	2	2	4
1983-4	美国、东加勒比国家	格林纳达	4	2	8
1983-5	美国	罗马尼亚	3	2	6
1984-1	美国	伊朗	2	2	4
1984-2	美国	黎巴嫩	2	3	6
1985-1	美国、英联邦	南非	4	3	12
1986-1	美国	叙利亚	2	3	6
1986-2	美国	安哥拉	3	2	6
1986-3	希腊	土耳其	2	2	4
1986-4	法国	新西兰	3	4	12

续表

案例编号	主要制裁方	受制裁方	政策结果	贡献系数	成功指数
1987-1	美国	巴拿马	4	2	8
1987-2	美国	海地	2	3	6
1987-3	美国	萨尔瓦多	4	4	16
1987-4	印度、澳大利亚、新西兰	斐济	2	2	4
1988-1	美国、欧盟、日本	缅甸	2	2	4
1988-2	美国、英国、联合国	索马里	1	2	2
1989-1	印度	尼泊尔	3	3	9
1989-2	美国	中国	1	2	2
1989-3	美国	苏丹	2	2	4
1989-4	土耳其、阿塞拜疆	亚美尼亚	1	2	2
1990-1	美国、联合国	伊拉克	1	2	2
1990-2	美国	萨尔瓦多	3	3	9
1990-3	美国、西方盟友	肯尼亚	2	3	6
1990-4	美、法、比利时	扎伊尔	2	2	4
1990-5	苏联	立陶宛	3	2	6
1990-6（1）	美国、沙特阿拉伯	约旦	3	3	9
1990-6（2）	美国、沙特阿拉伯	也门	2	3	6
1991-1	联合国、美、欧共体	南斯拉夫	3	3	9
1991-2	美国	中国	2	2	4
1991-3	美国	泰国	3	2	6
1991-4	美国、荷兰	印度尼西亚	1	2	2
1991-4	美国、荷兰	印度尼西亚	3	4	12
1991-5	美国、联合国等	海地	4	1	4
1991-6	美国、欧洲共同体	苏联	4	2	8
1991-7	苏联/俄罗斯	土库曼斯坦	4	3	12
1991-8	美国	秘鲁	3	4	12
1992-1	西非共同体、联合国	利比里亚	4	3	12
1992-2	欧共体/欧盟、法、德	多哥	2	2	4
1992-3	美国、英国	马拉维	4	4	16
1992-4	欧盟、西班牙	赤道几内亚	2	3	6
1992-5	欧盟	阿尔及利亚	2	2	4

续表

案例编号	主要制裁方	受制裁方	政策结果	贡献系数	成功指数
1992-6	美国	喀麦隆	2	2	4
1992-7	美国	阿塞拜疆	1	1	1
1992-8	联合国、美国、德国	柬埔寨、红色高棉	2	2	4
1992-9	俄罗斯	爱沙尼亚	2	2	4
1992-10	中国	法国	3	4	12
1992-11	美国	尼加拉瓜	3	4	12
1992-12	联合国	利比亚	4	3	12
1992-13	俄罗斯	拉脱维亚	2	2	4
1993-1	美国、联合国	朝鲜	3	3	9
1993-2	美国、欧盟	危地马拉	4	4	16
1993-3	联合国	安哥拉	4	3	12
1993-4	美国、欧盟	尼日利亚	2	2	4
1993-5	美国	苏丹	2	3	6
1993-6	俄罗斯	乌克兰	3	2	6
1993-7	俄罗斯	哈萨克斯坦	3	3	9
1994-1	希腊	马其顿	3	3	9
1994-2	希腊	阿尔巴尼亚	4	4	16
1994-3	联合国、美国	卢旺达	1	2	2
1994-4	美国、欧盟、日本	冈比亚	2	3	6
1995-1（1）	美国	秘鲁	4	2	8
1995-1（2）	美国	厄瓜多尔	4	2	8
1995-2	欧盟	土耳其	3	3	9
1996-1	非统东非成员国	布隆迪	2	3	6
1996-2	美国、欧盟	尼日尔	3	3	9
1996-3	美国、西方支持者	赞比亚	2	2	4
1996-4	美国	哥伦比亚	2	3	6
1996-5	美国、南非共同市场	巴拉圭	4	3	12
1997-1	联合国、西非共同体	塞拉利昂	4	2	8
1998-1	美国	印度	1	2	2
1998-2	美国、欧盟	南斯拉夫、塞尔维亚	3	2	6
1998-3	土耳其	意大利	3	3	9